Theo von Taane

Eishockey 2 in 1
Taktikboard & Trainingsbuch

Das 2 in 1 Taktikboard & Trainingsbuch zur schnellen Erstellung von coaching Anweisungen/Spieltaktiken und -plänen, enthält nicht nur sportspezifische Vorlagen (Spielfeld und Raum für Notizen), sondern verfügt auch über eine wieder beschreibbare Fläche (Cover des Buchs), welche mit handelsüblichen whiteboard Stiften beschrieben werden kann und trocken abwischbar ist.

VORTEILE:
o Taktikbuch mit sportspezifischen Vordrucken (Spielfeld) zum schnellen und einfachen Skizzieren von Spieltaktiken/Übungen.
o Sind alle Seiten des Buches aufgebraucht, lässt sich das Cover unter Nutzung von whiteboard Stiften als Taktikboard unbegrenzt weiternutzen.
o Durch das handliche Format sowohl unterwegs als auch vor Ort zum Spiel oder Training nutzbar.
o Ideal zum spontanen Sammeln von Trainingsideen oder als Gedankenstütze.
o Ideal um dem Spieler durch schnelles Skizzieren der Übung den geplanten Trainingsablauf begreifbarer zu machen.
o Ideal zum Festhalten von geplante Spielzügen, um sie sich kurz vor dem Match oder währenddessen wieder ins Gedächtnis zu rufen.

Bibliografische Information der Deutschen Nationalbibliothek:
Die Deutsche Nationalbibliothek verzeichnet diese Publikation in der Deutschen Nationalbibliografie; detaillierte bibliografische Daten sind im Internet über http://dnb.dnb.de abrufbar.

© 2016 Theo von Taane; 1. Auflage

Texte und Illustrationen: **Theo von Taane**

Herstellung und Verlag: BoD – Books on Demand, Norderstedt

ISBN: 9783739230320

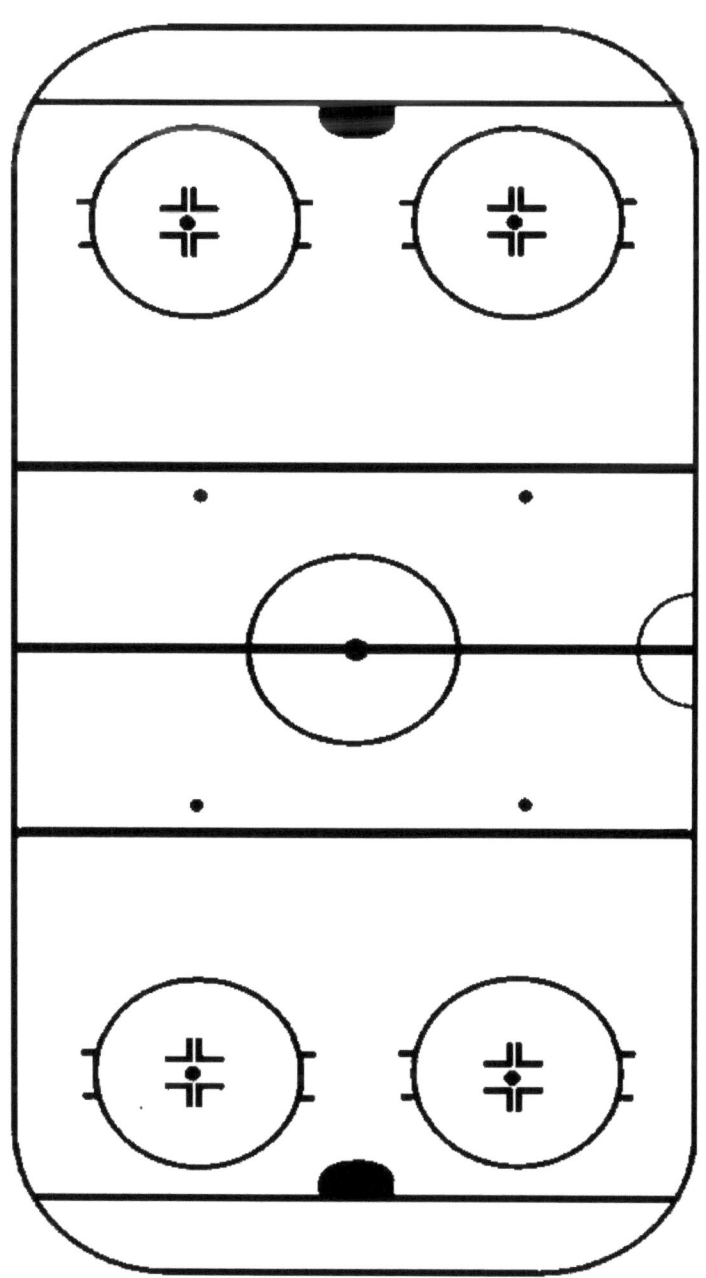

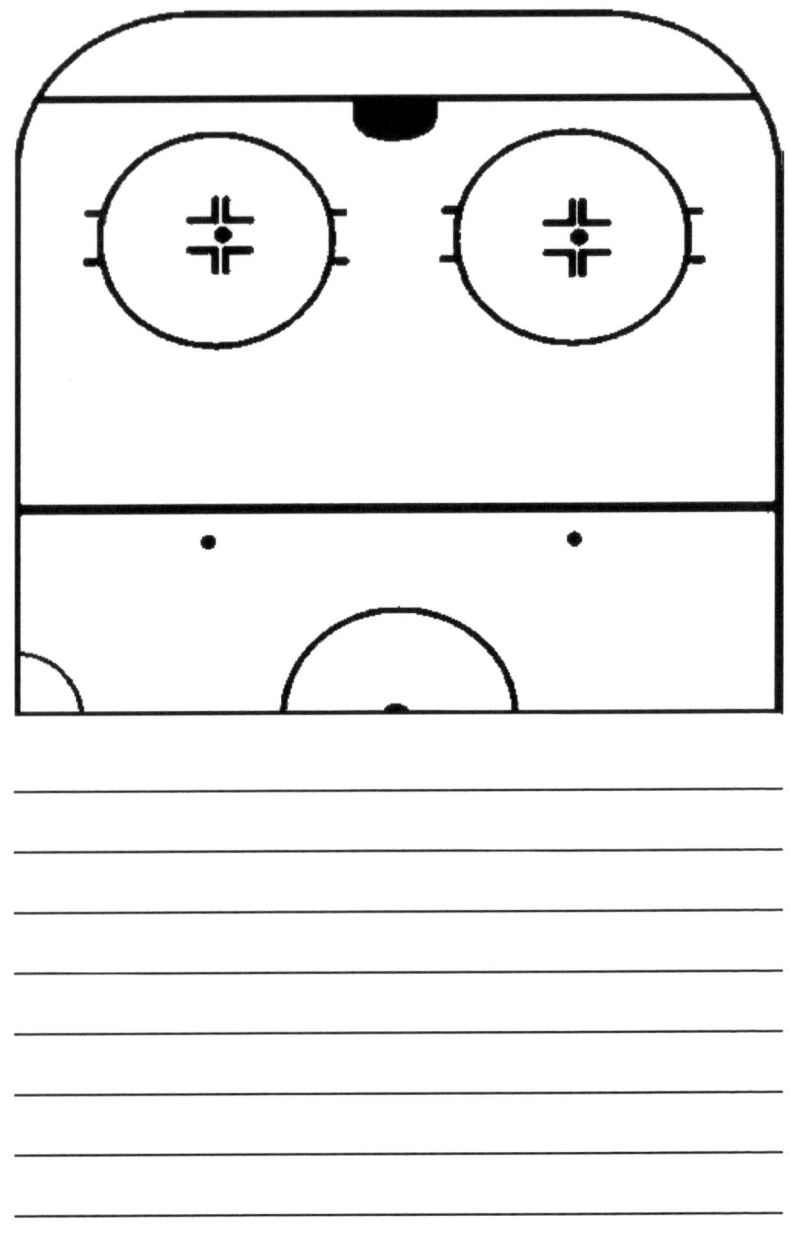

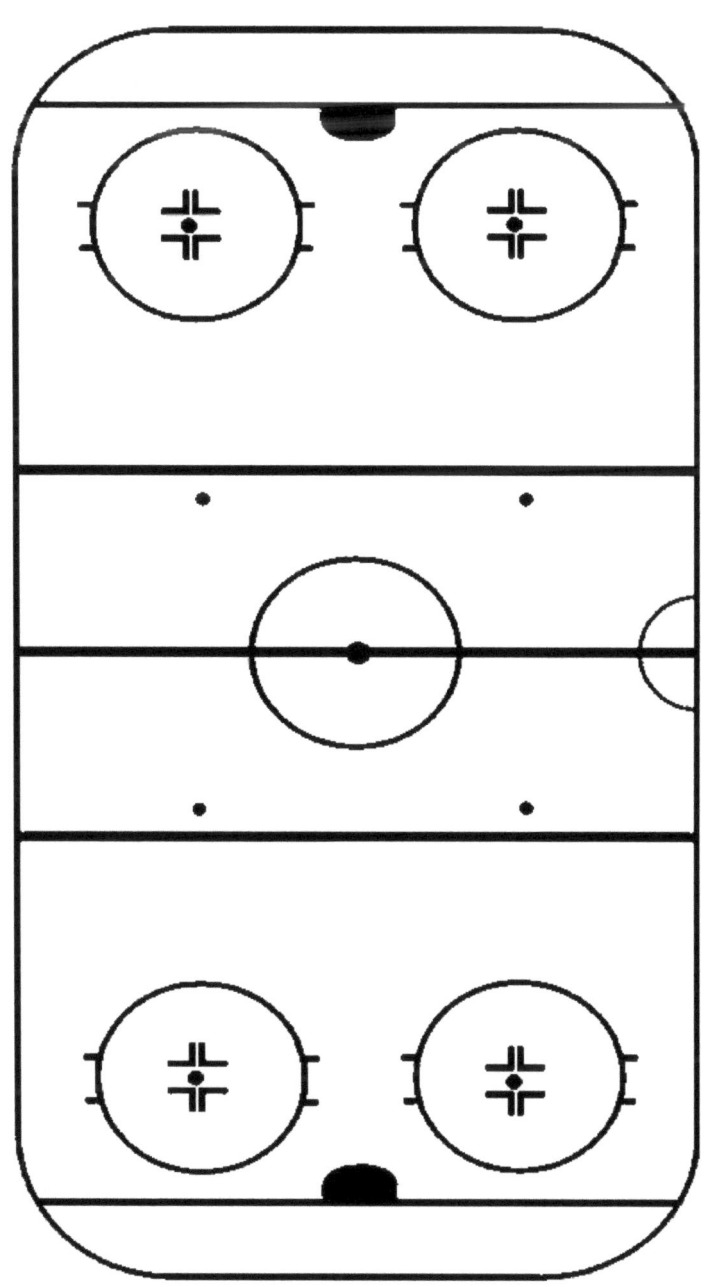

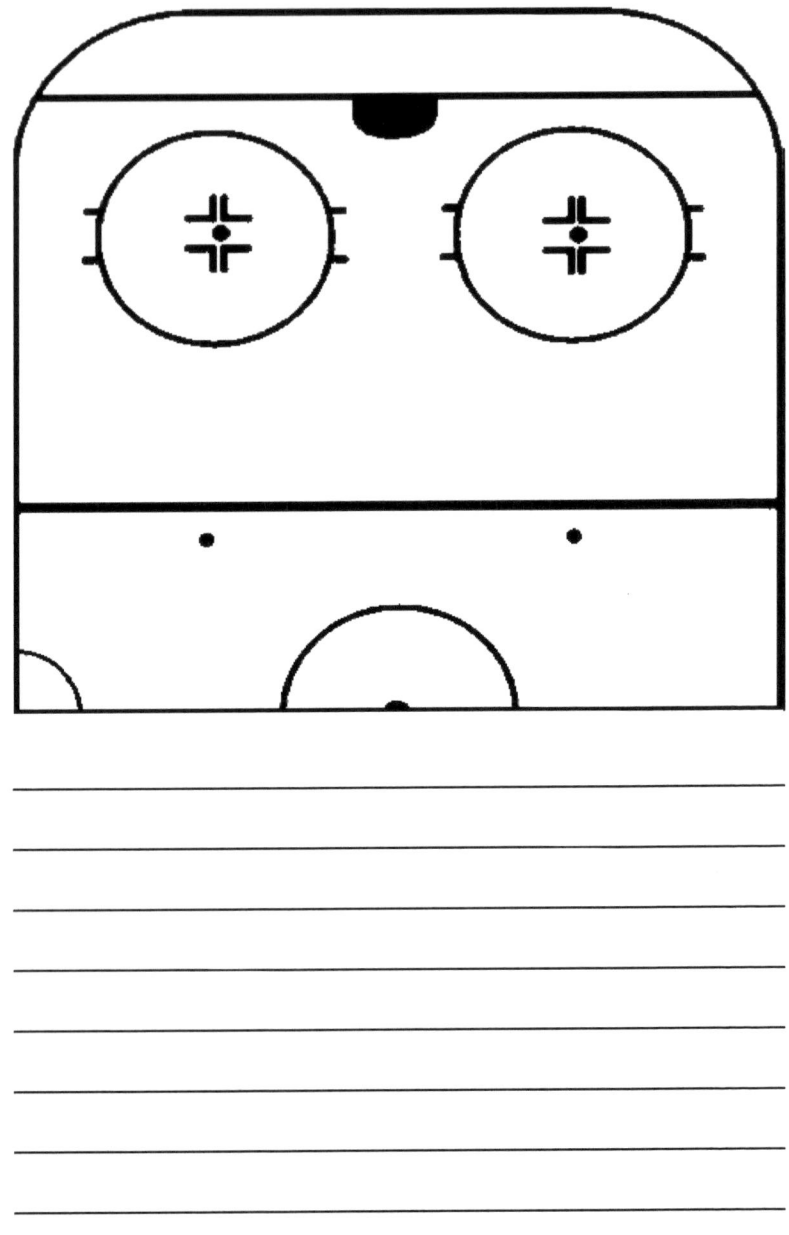

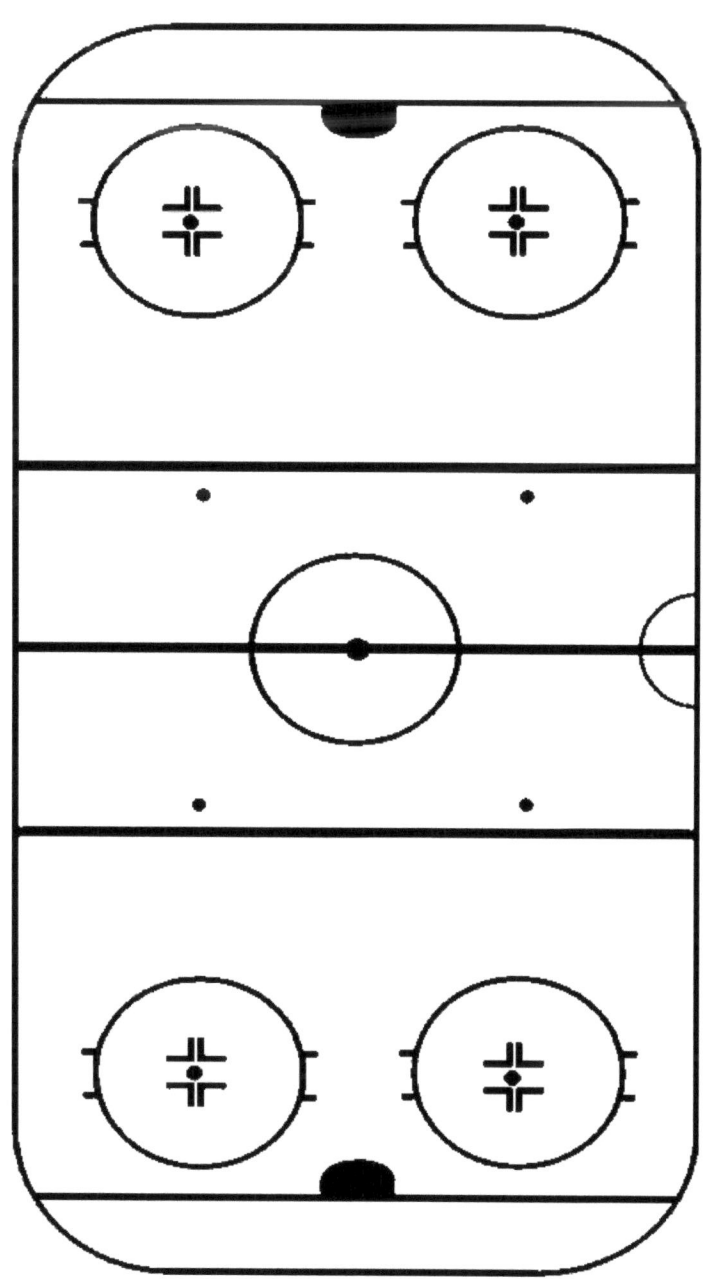

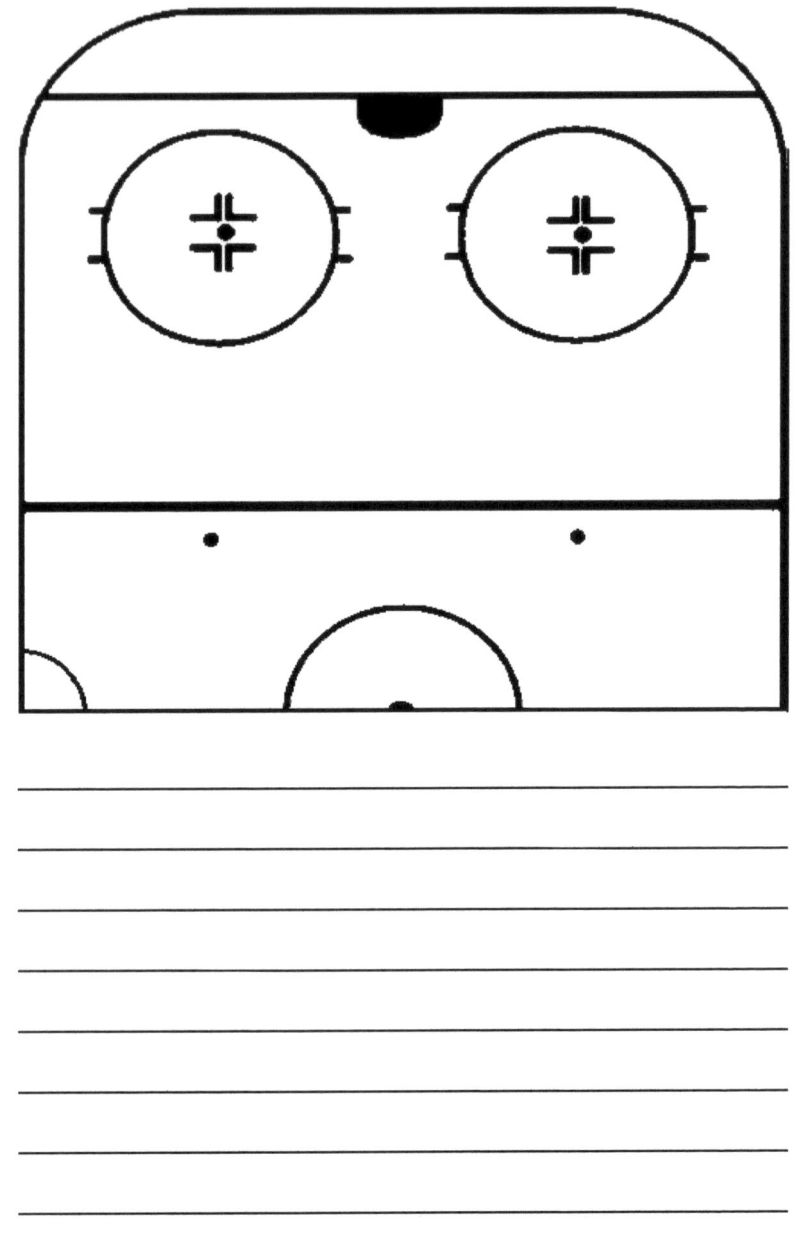

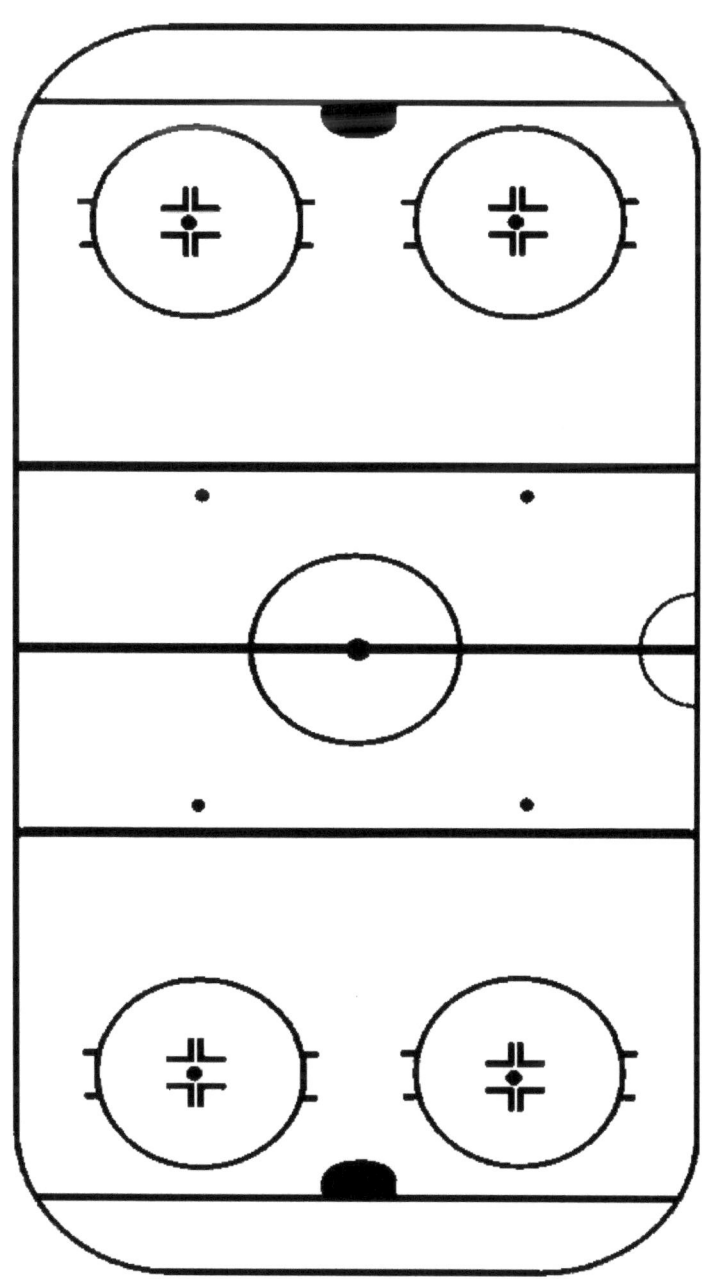

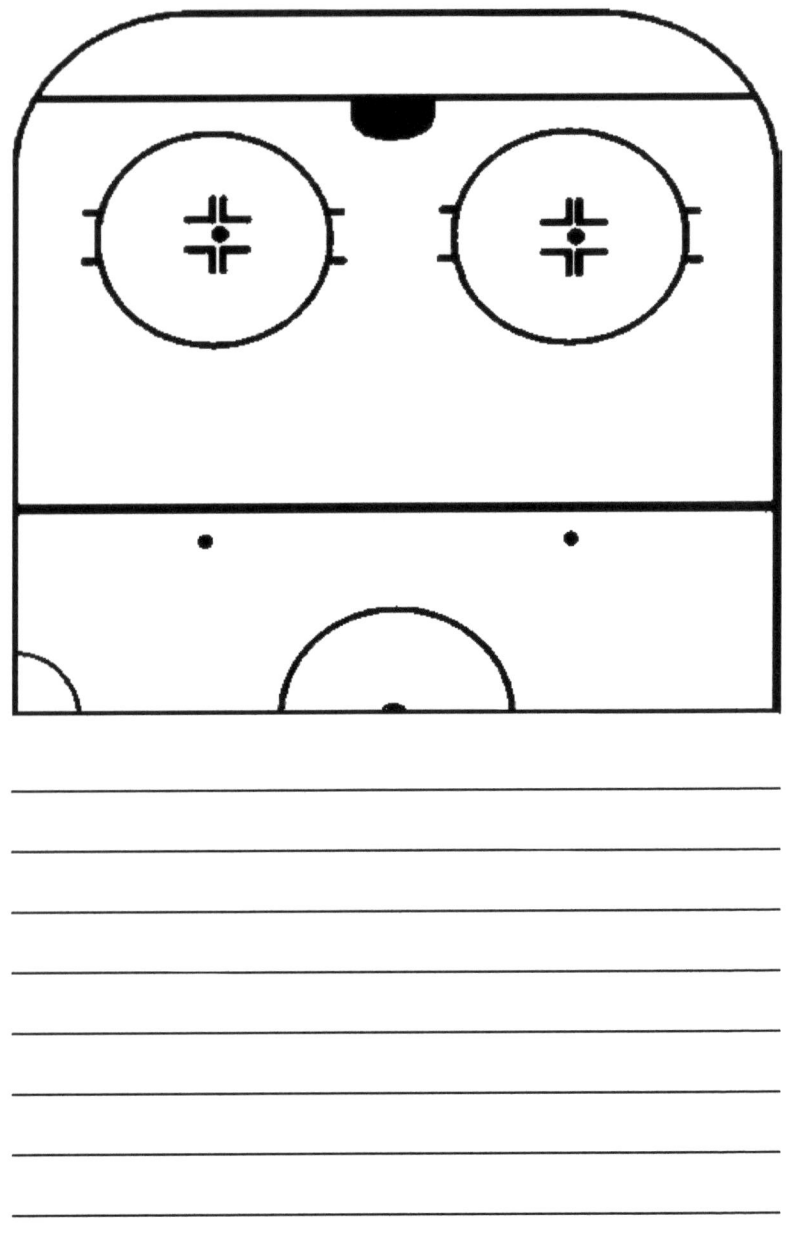

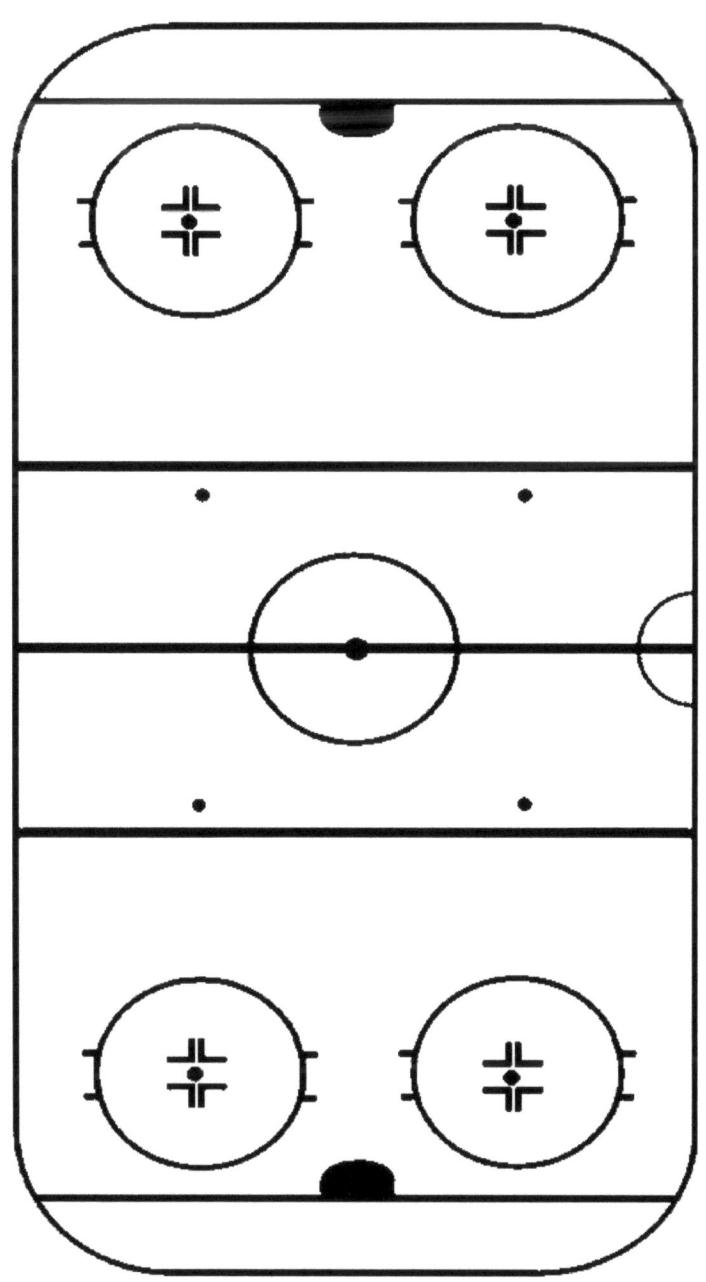

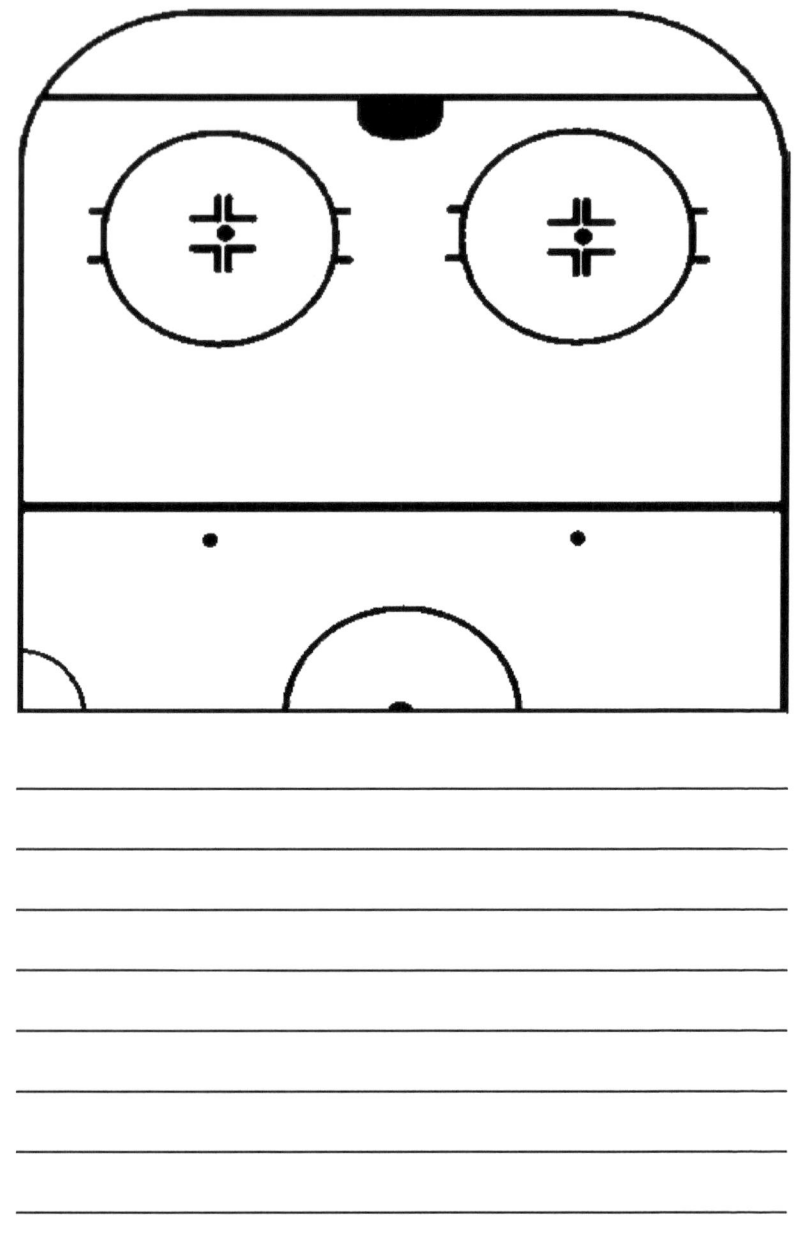

_____

_____

_____

_____

_____

_____

_____

_____

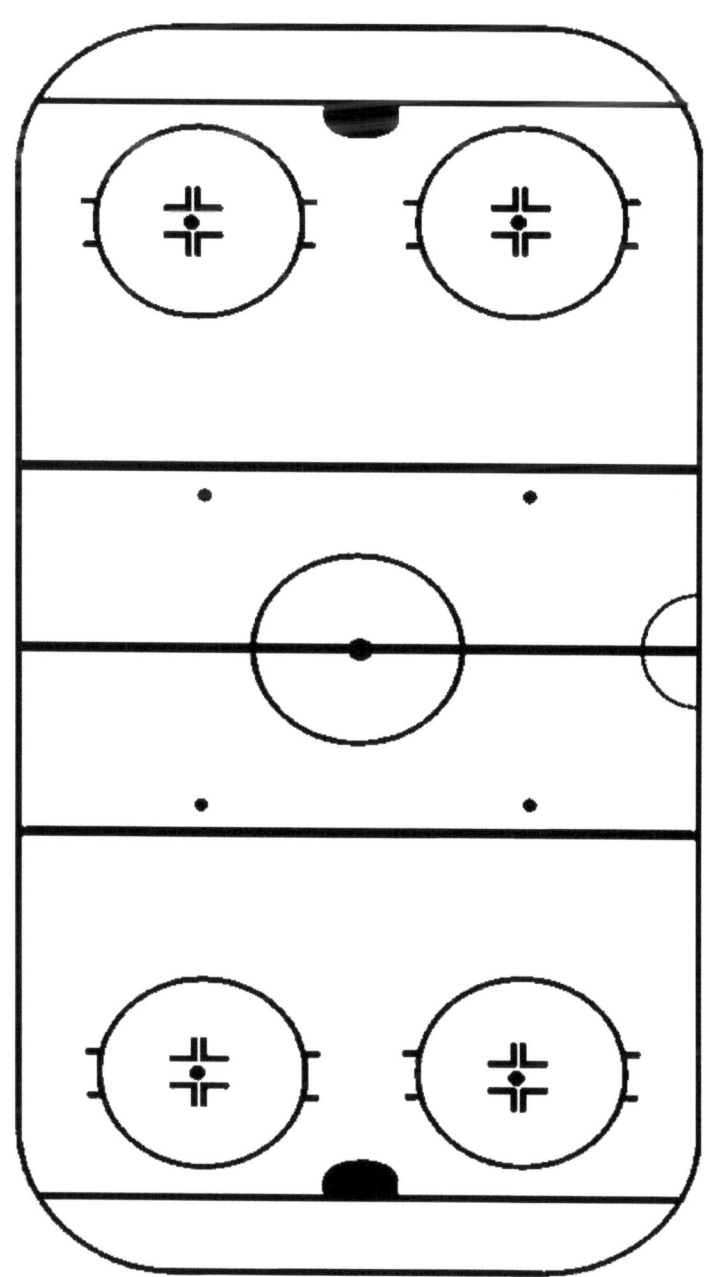

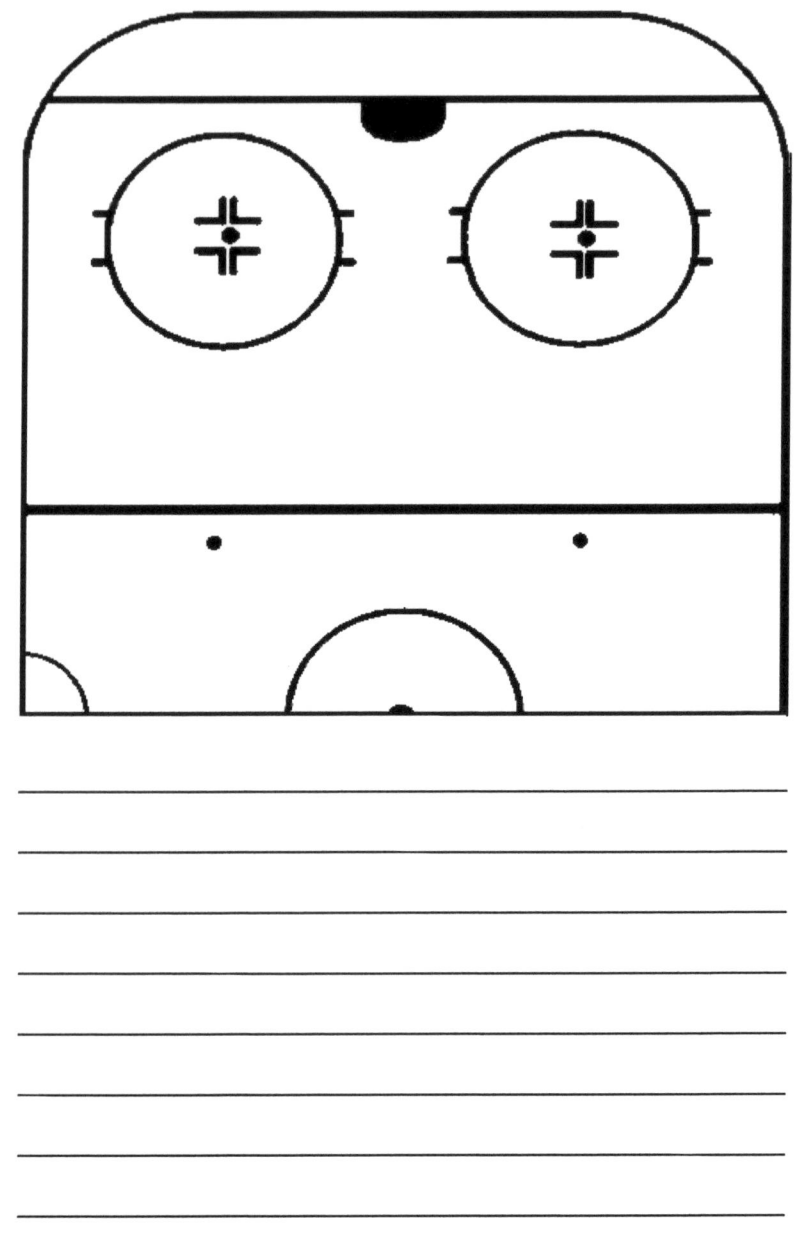

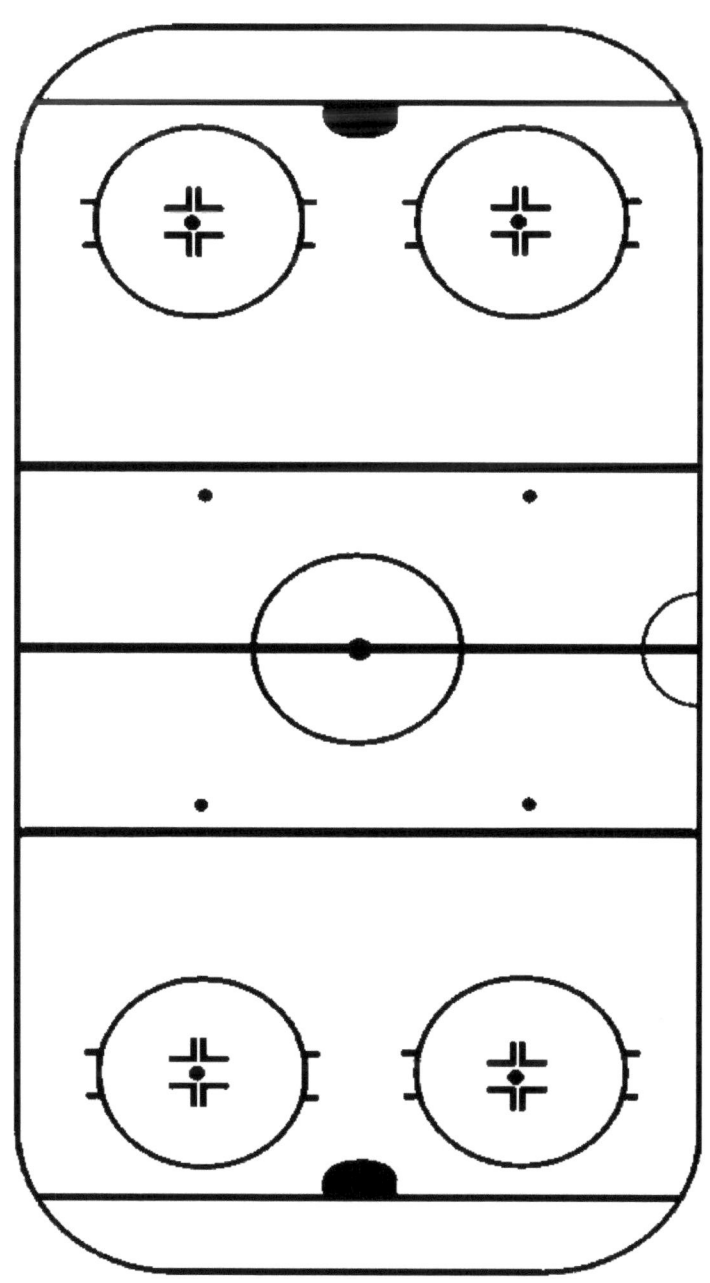

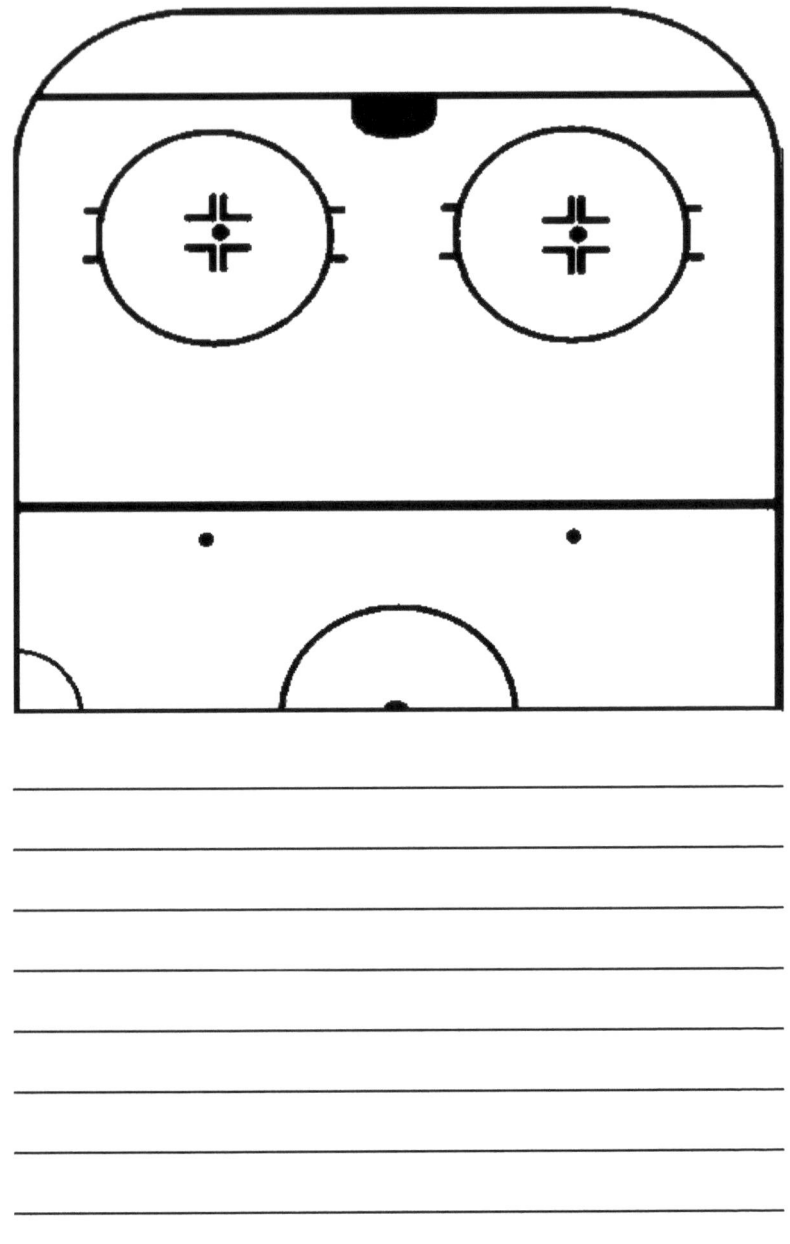

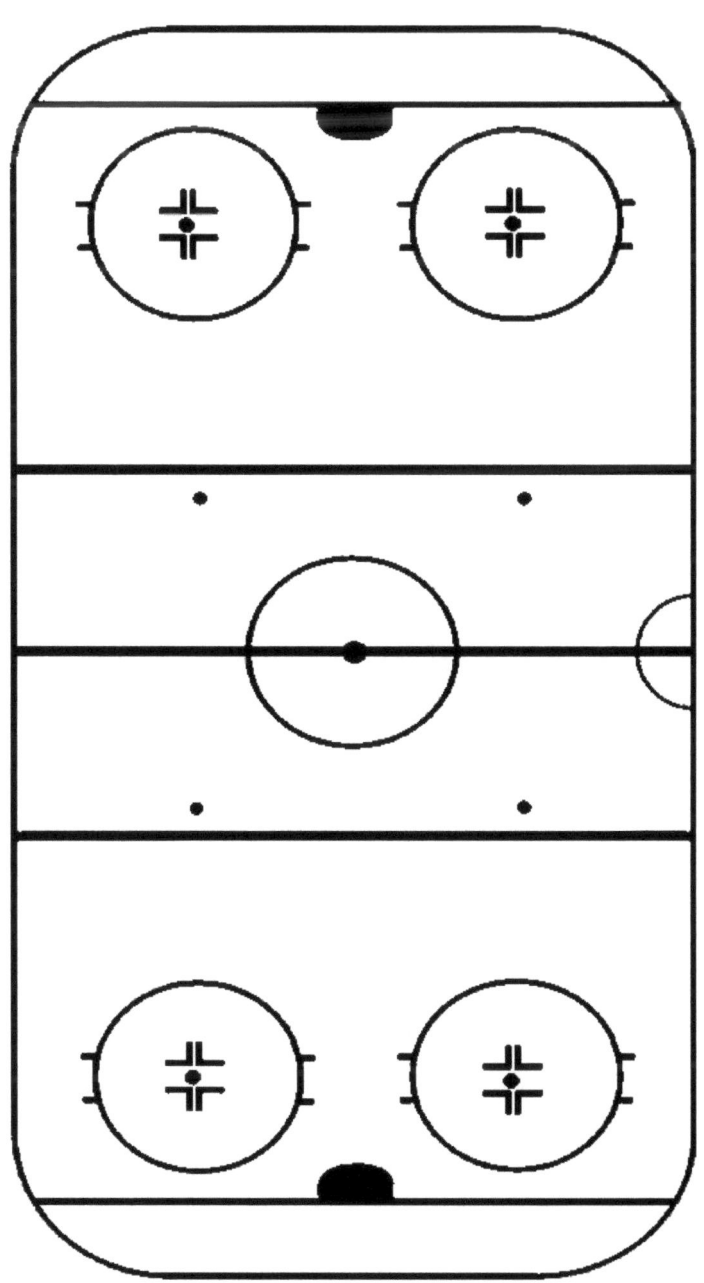

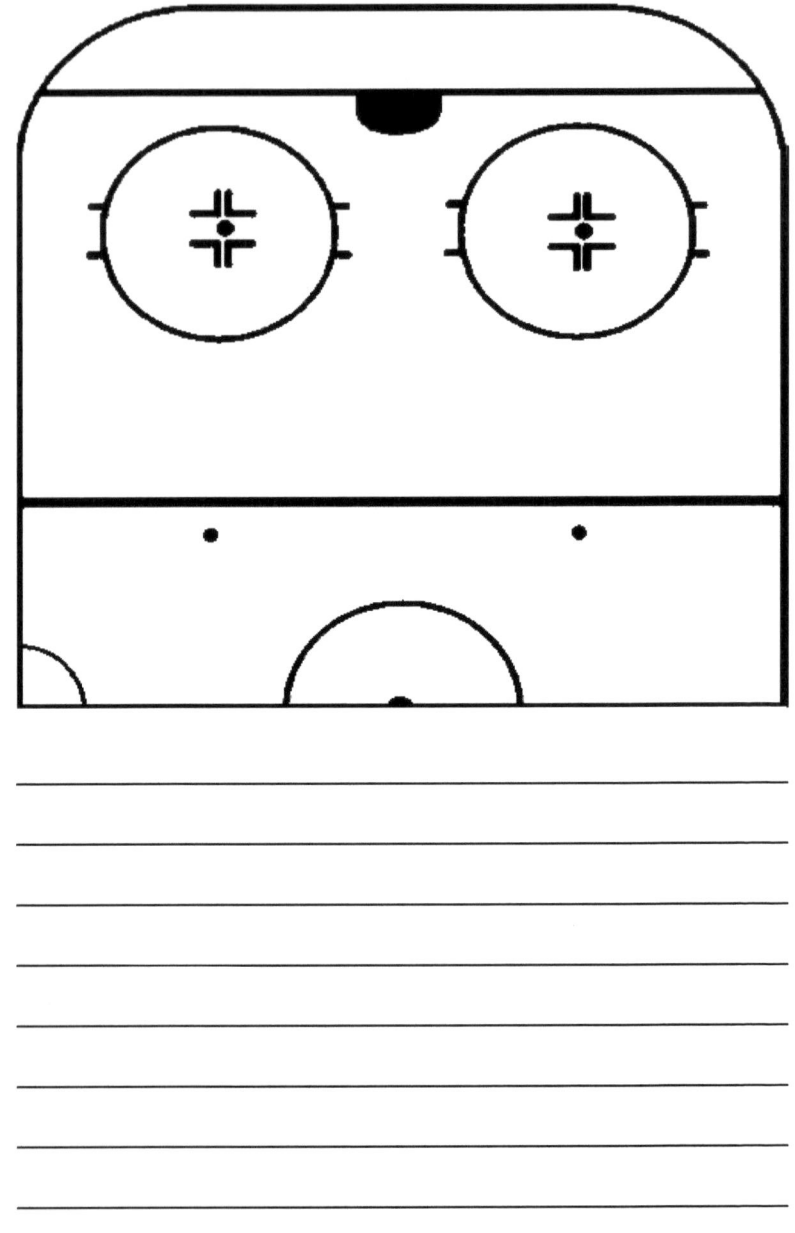

_____

_____

_____

_____

_____

_____

_____

_____

_____

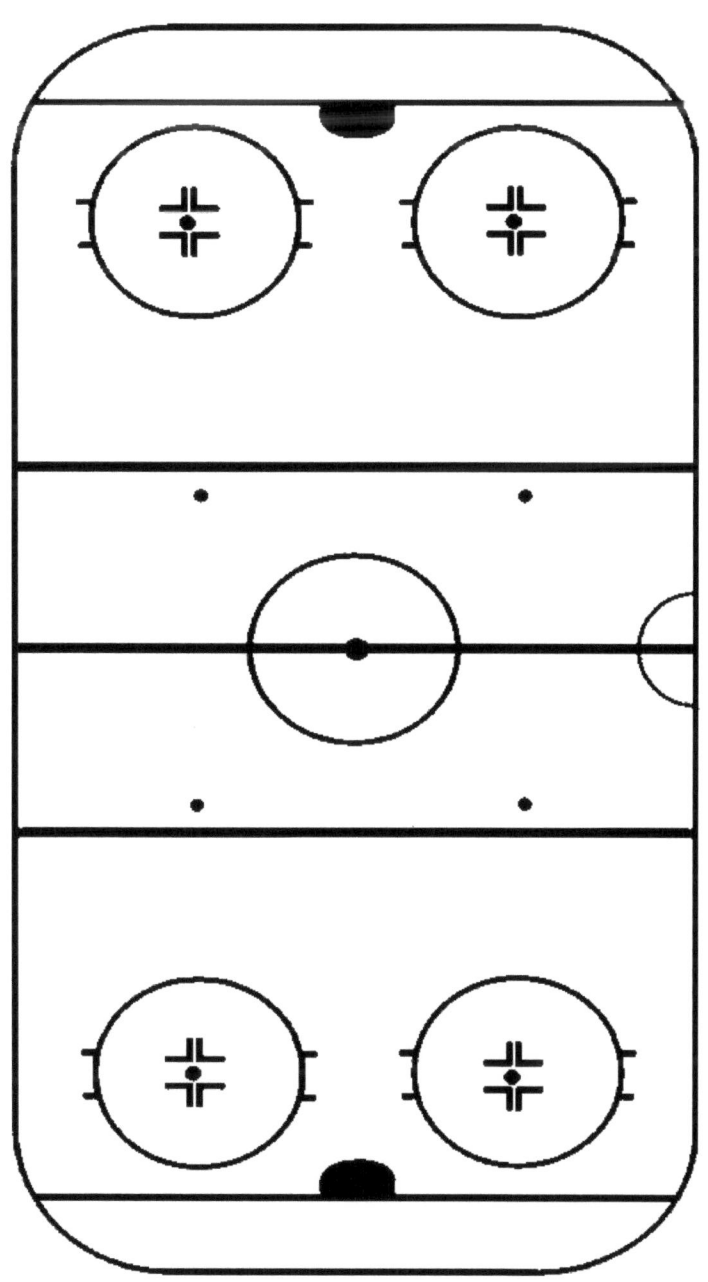

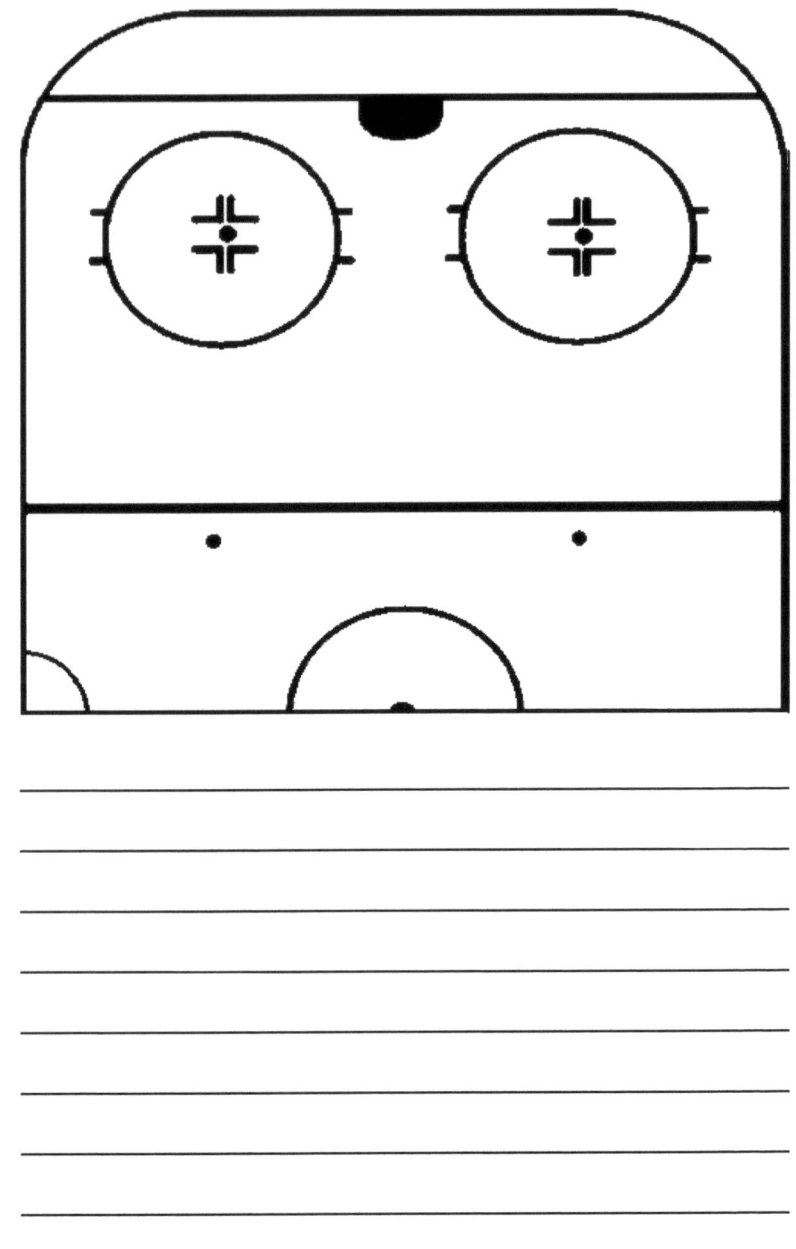

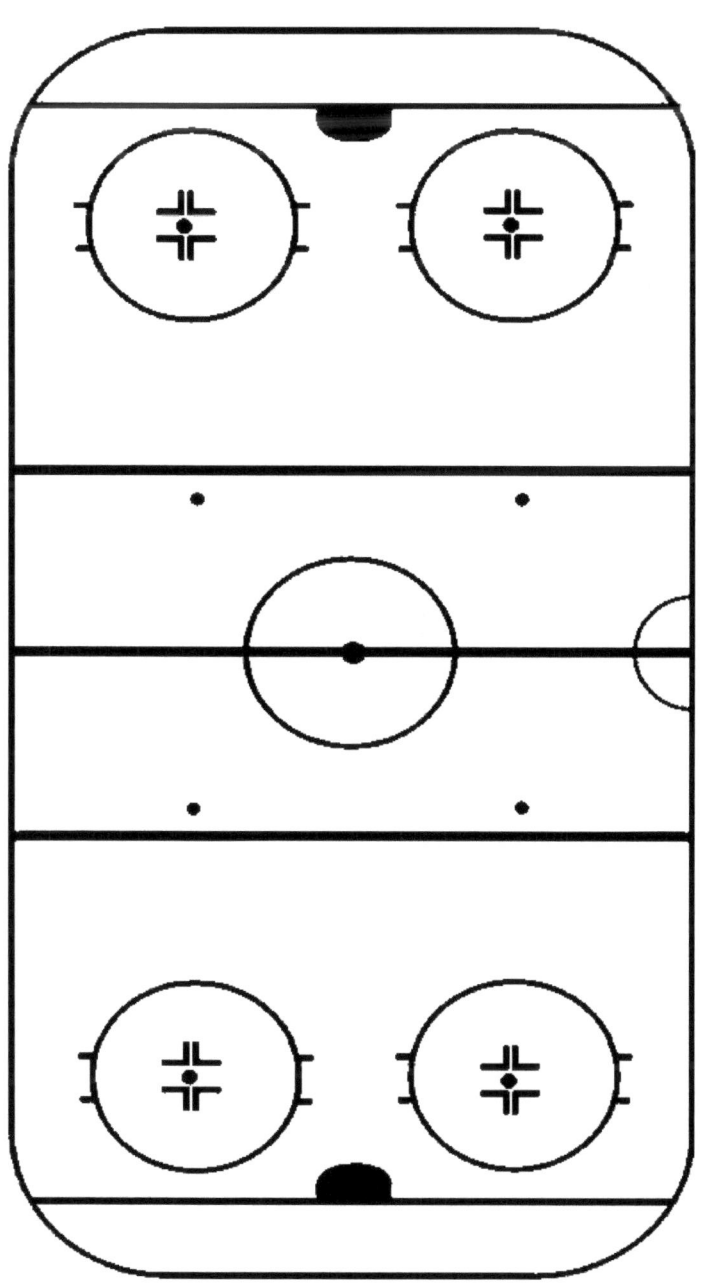

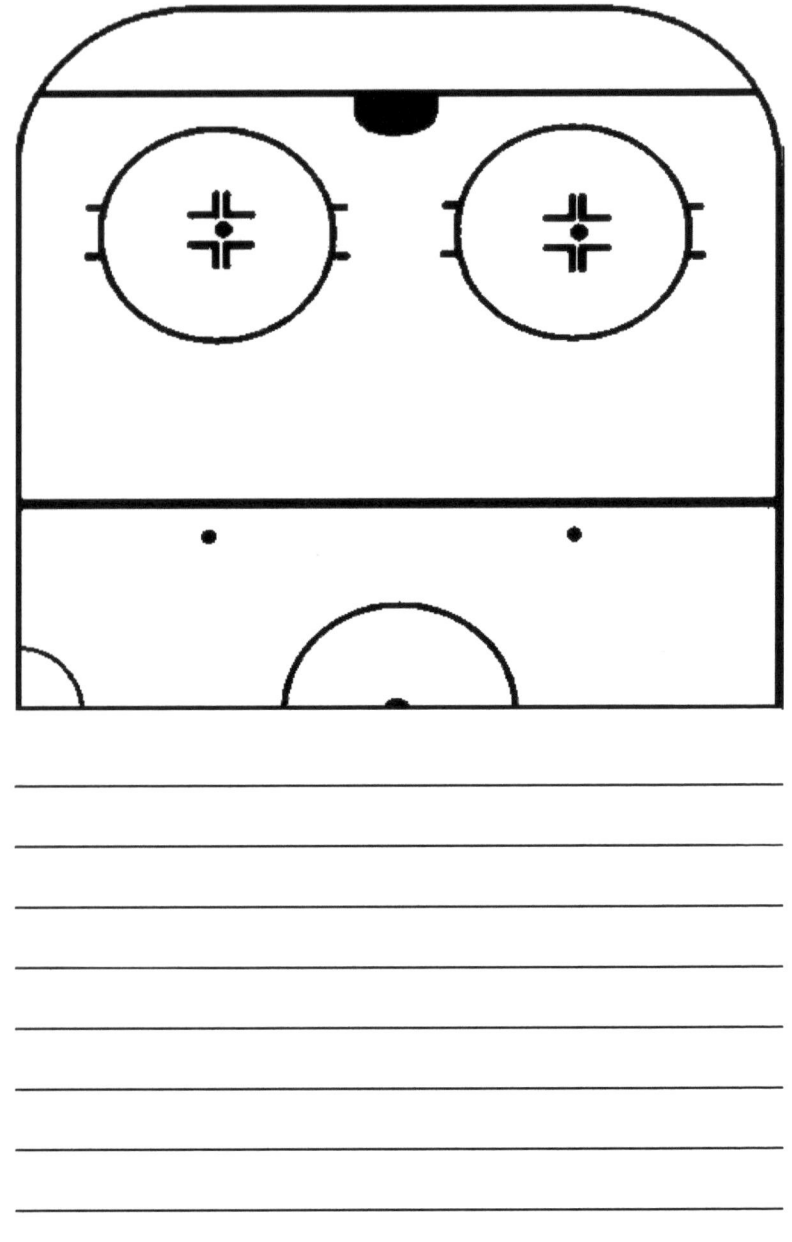

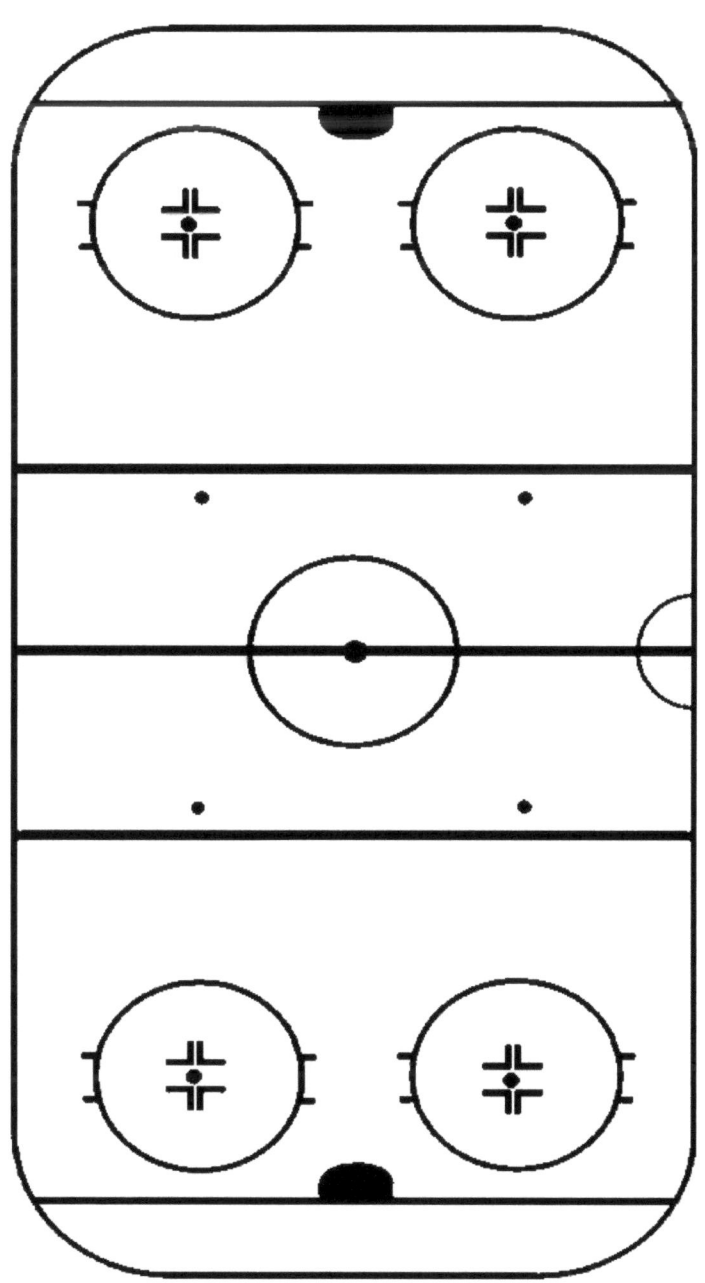

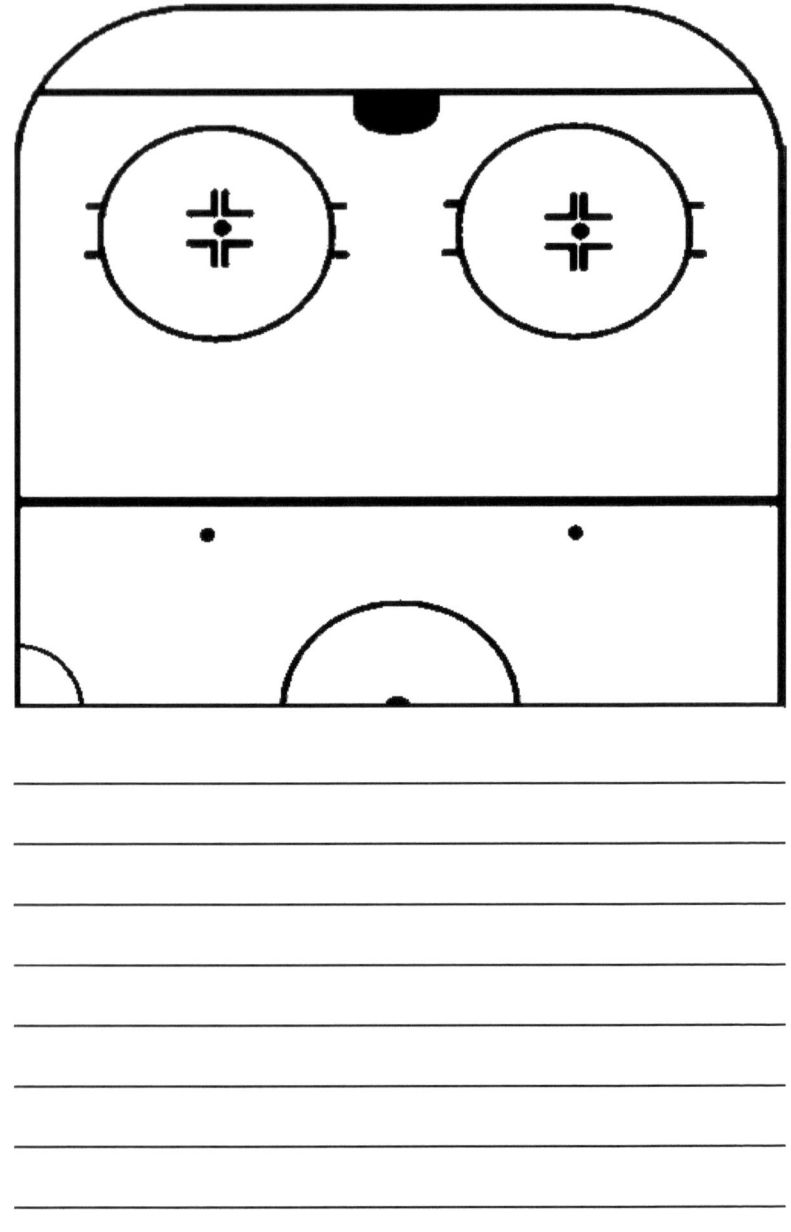

_____

_____

_____

_____

_____

_____

_____

_____

_____

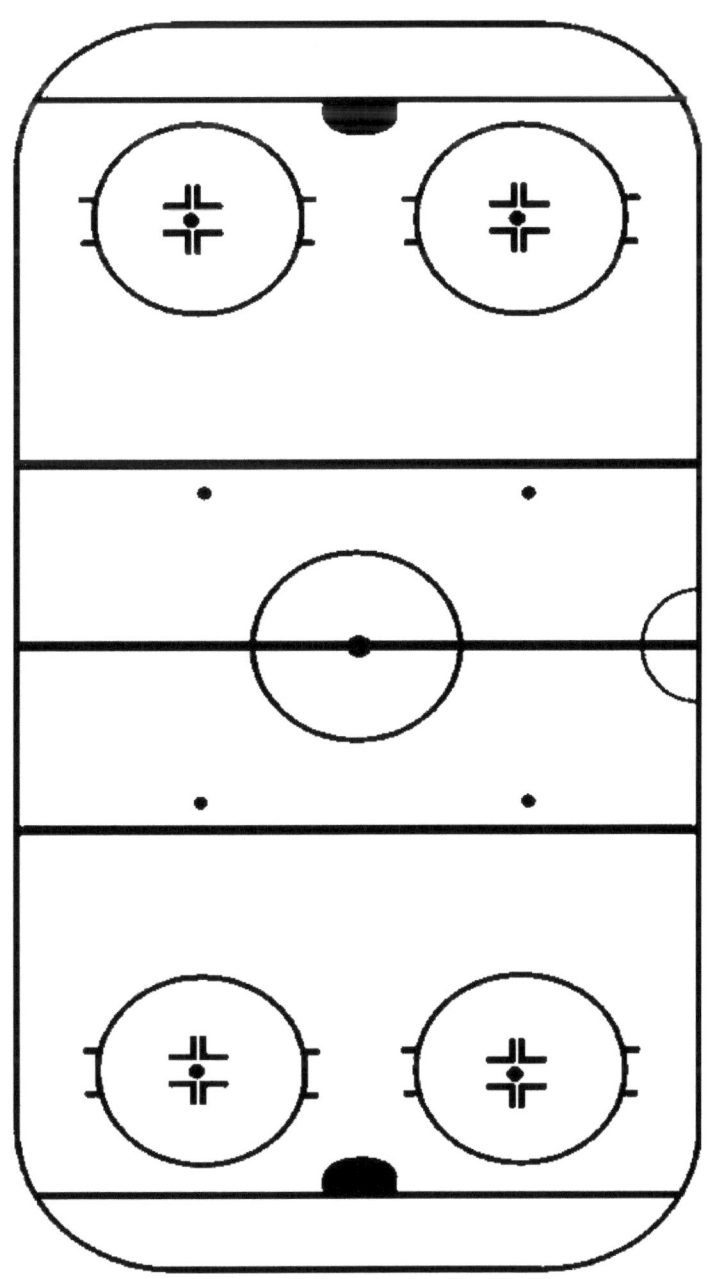

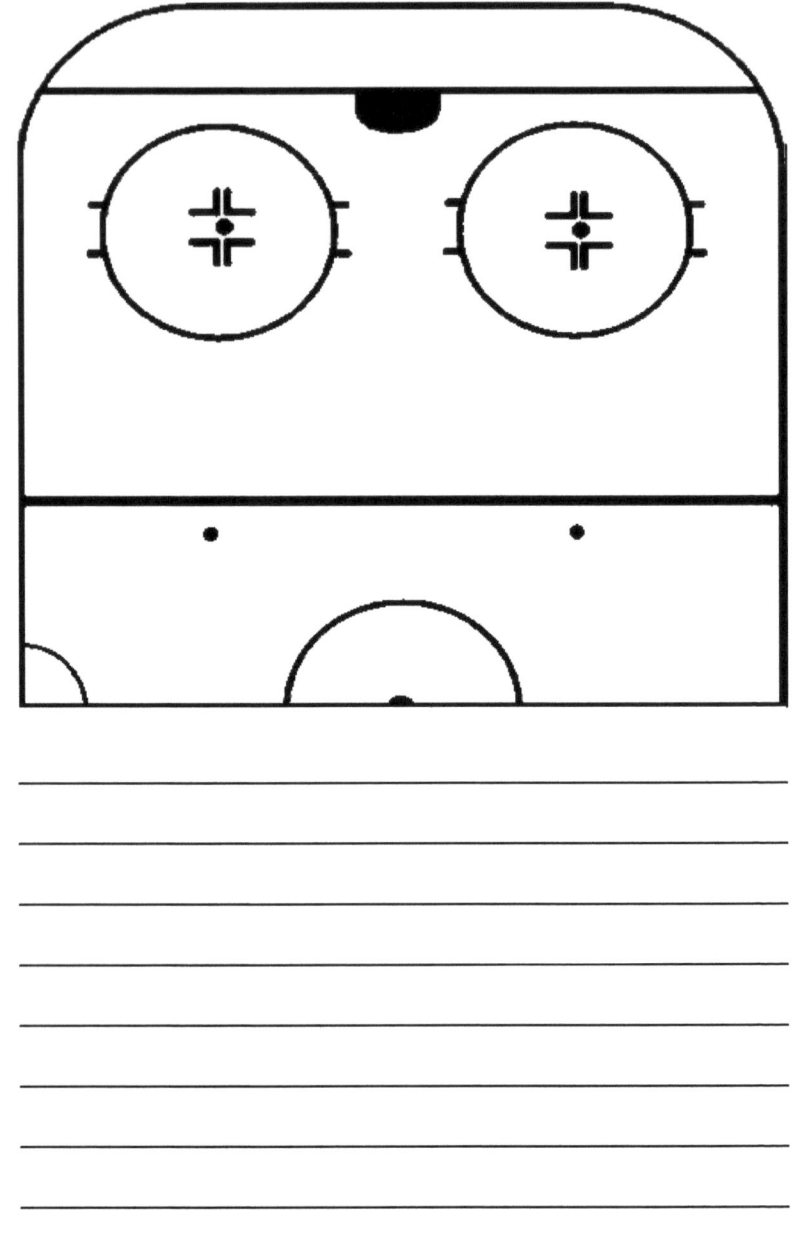

_____

_____

_____

_____

_____

_____

_____

_____

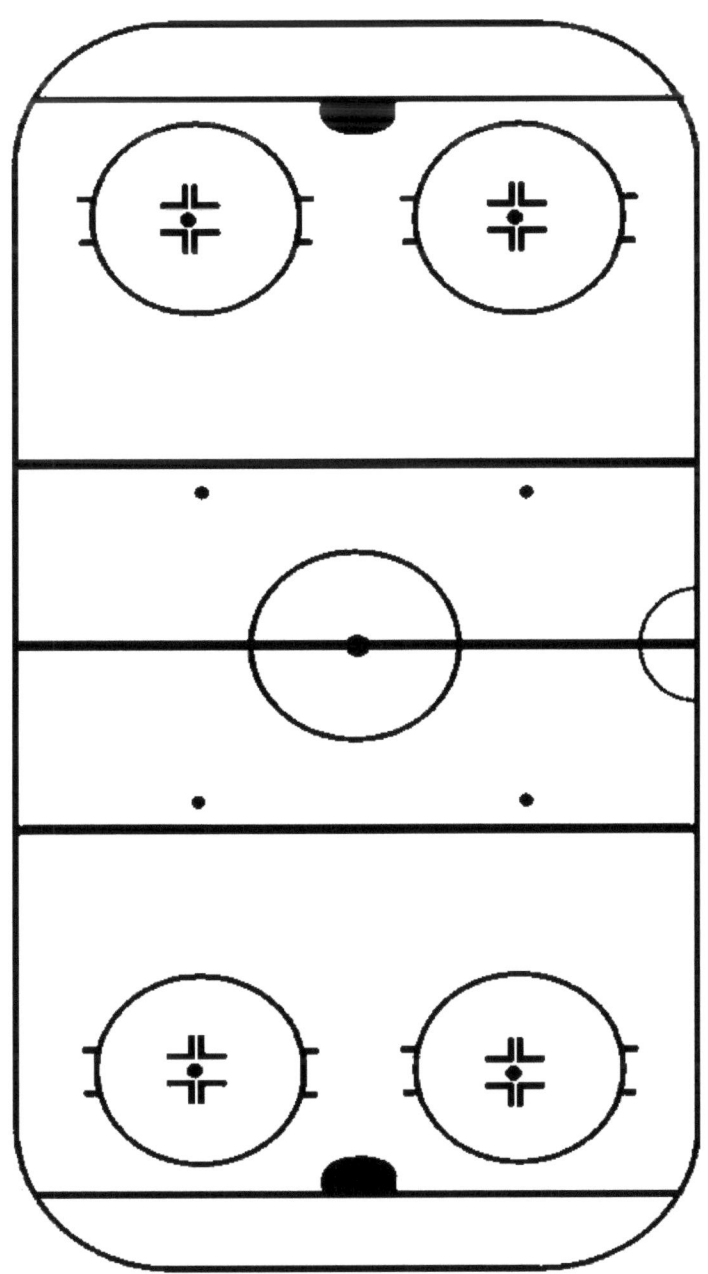

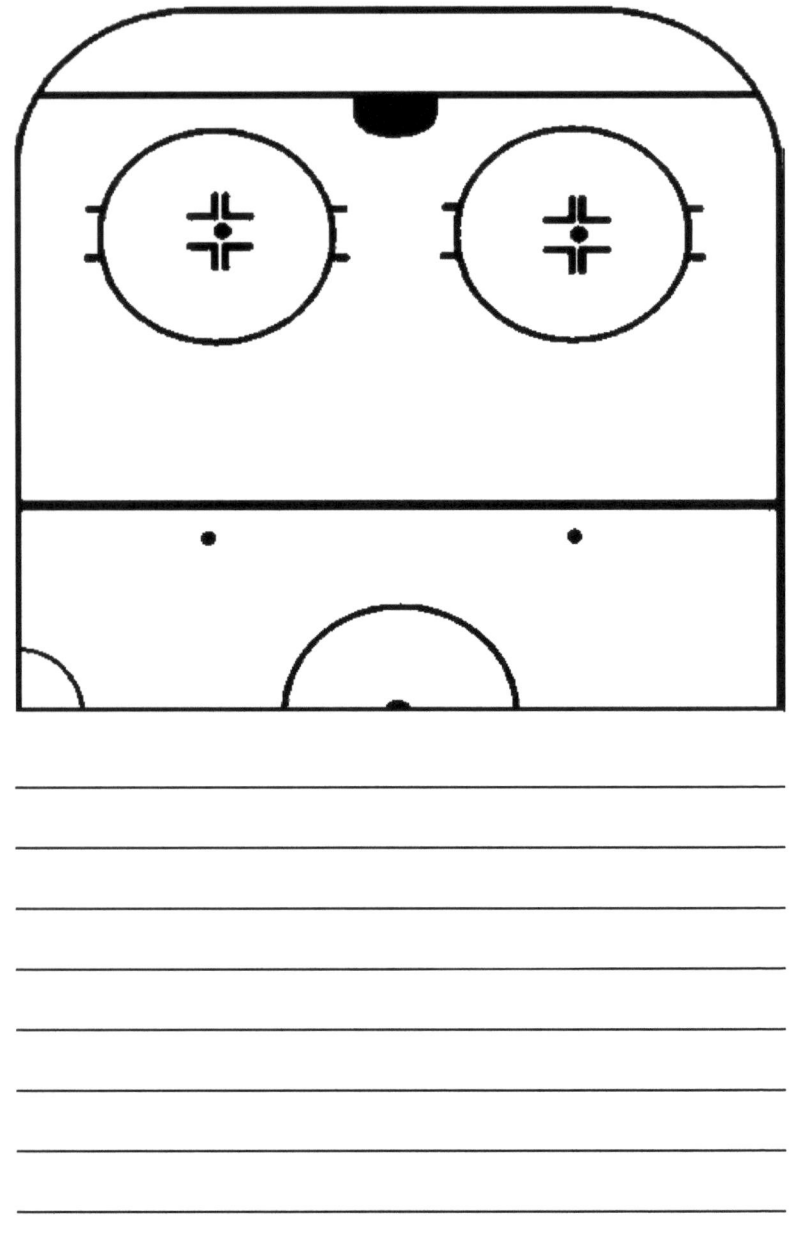

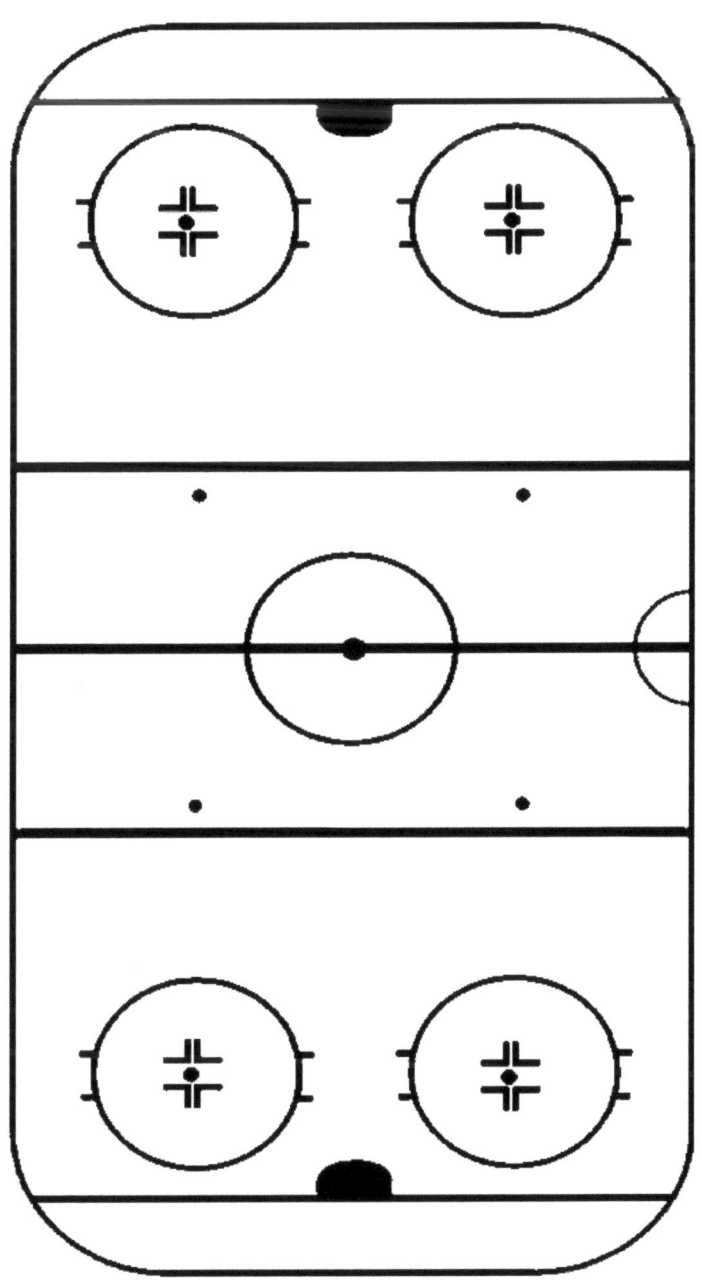

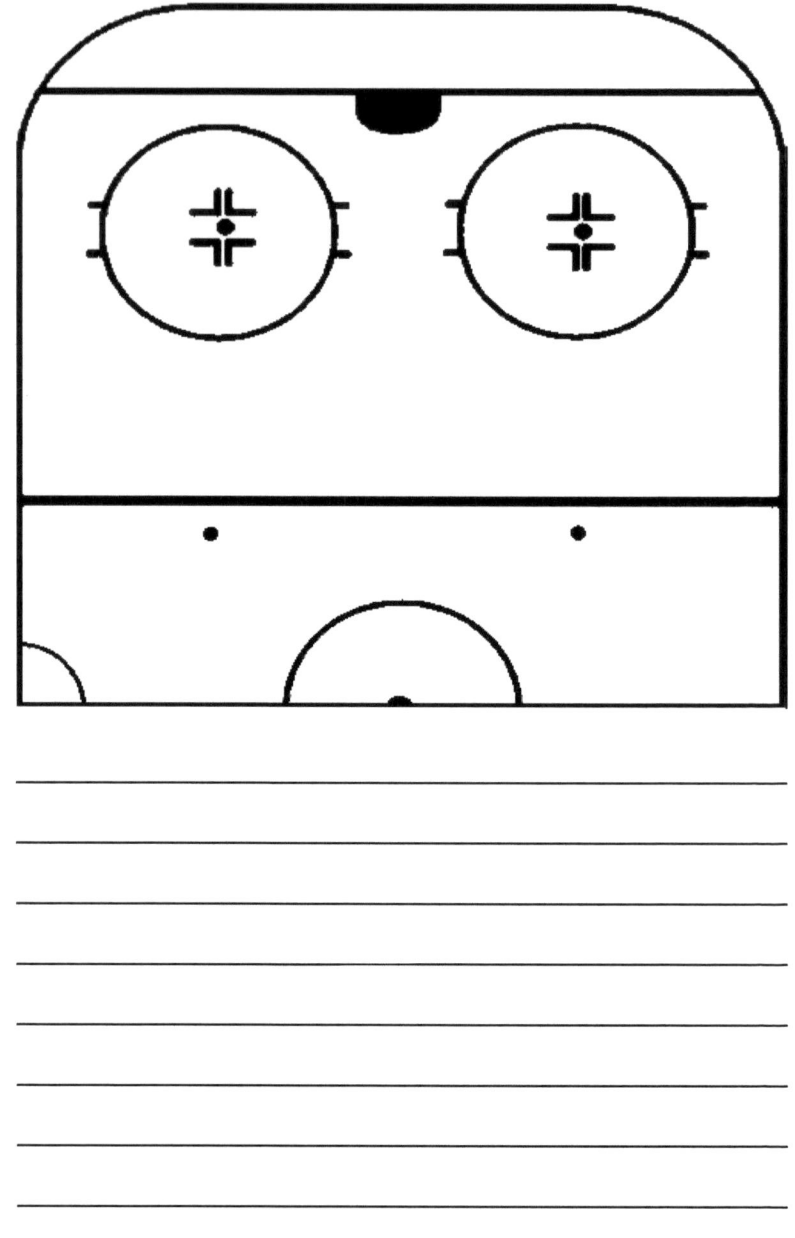

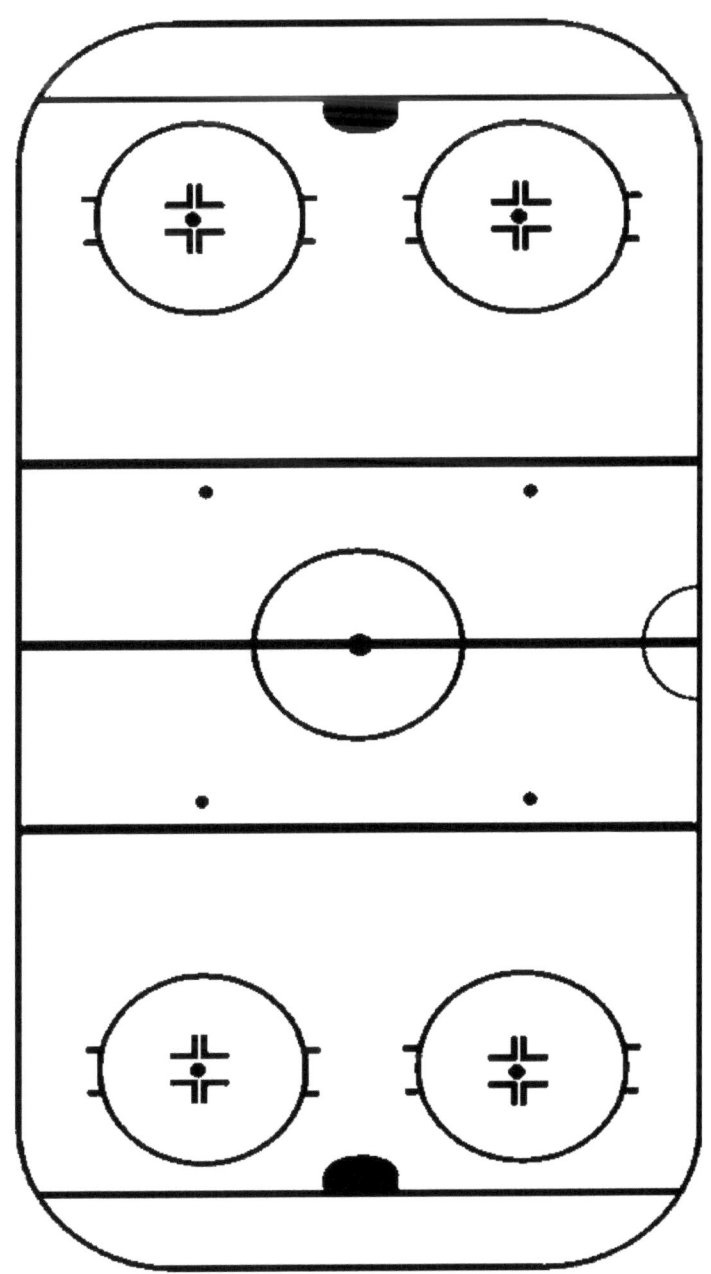

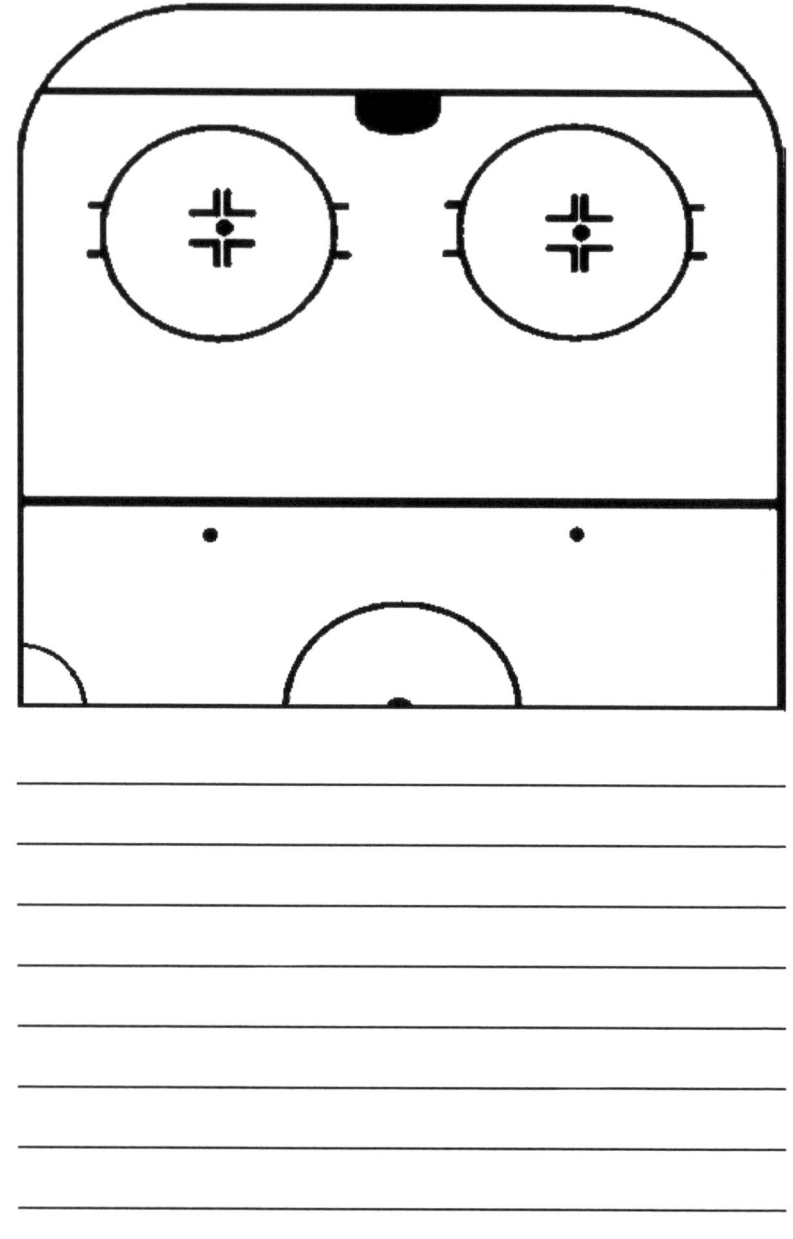

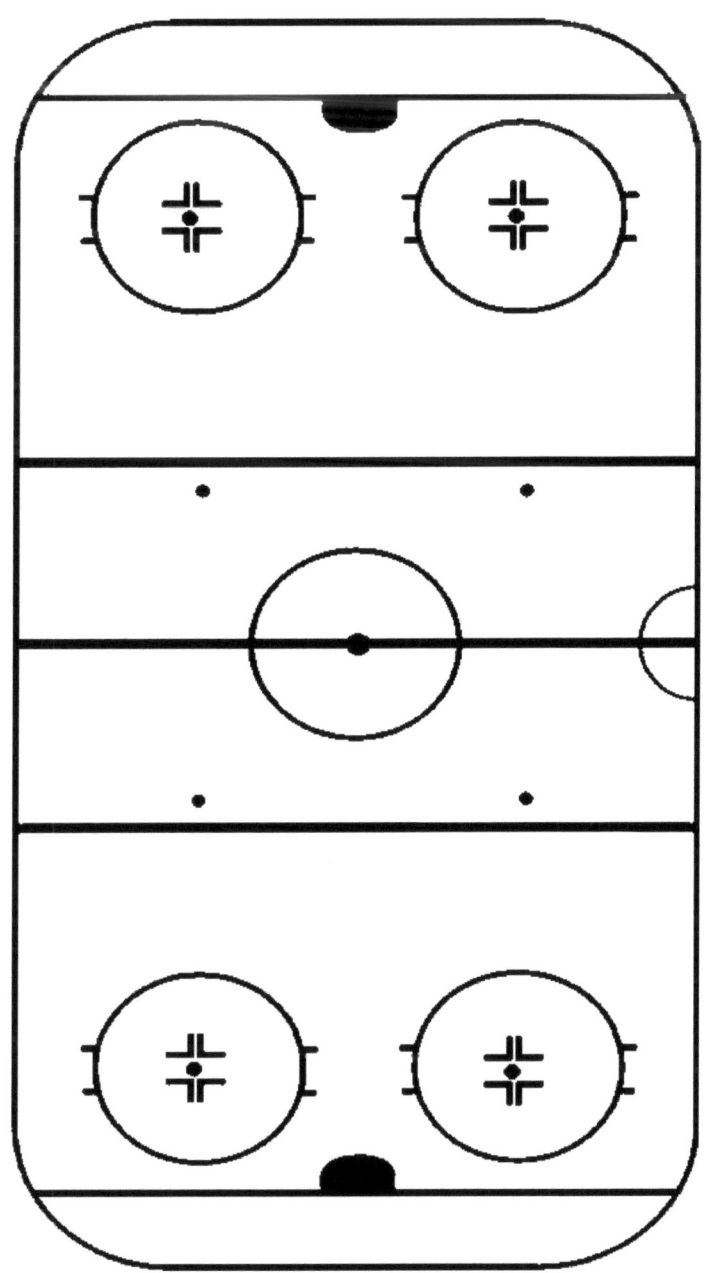

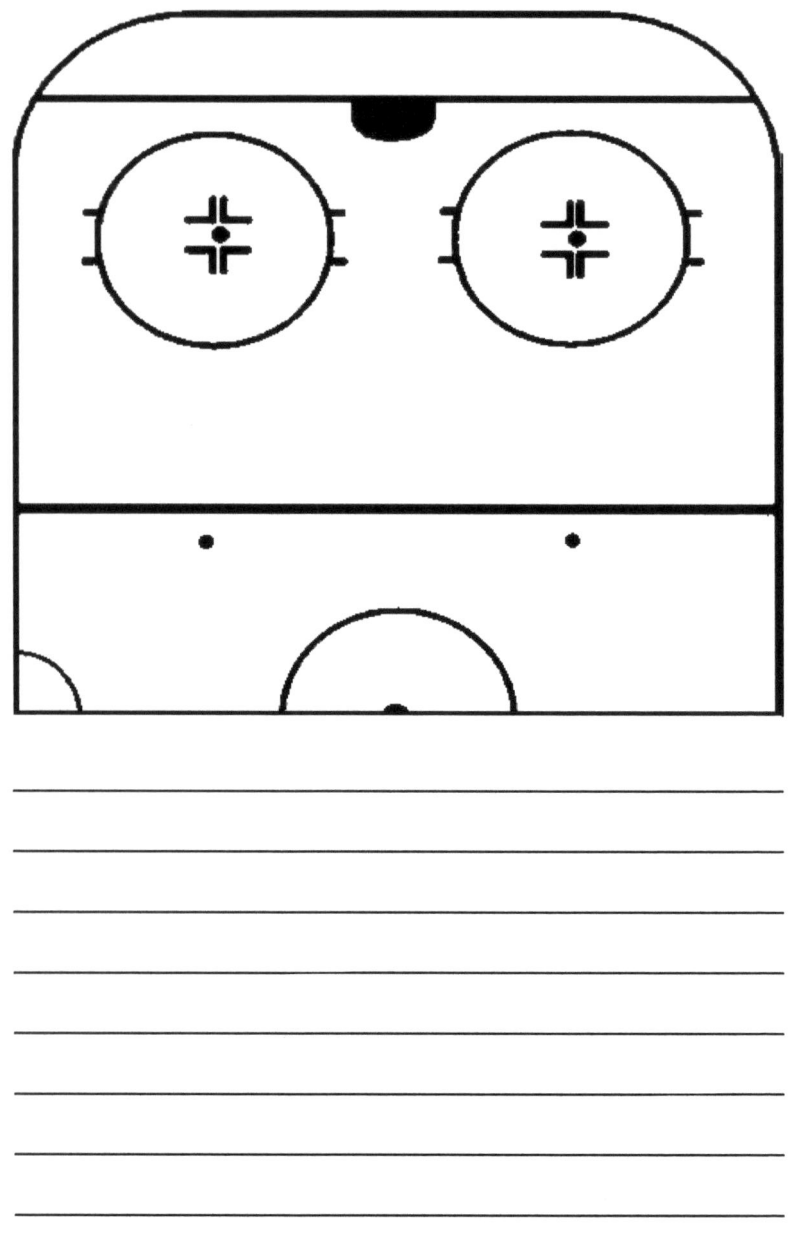

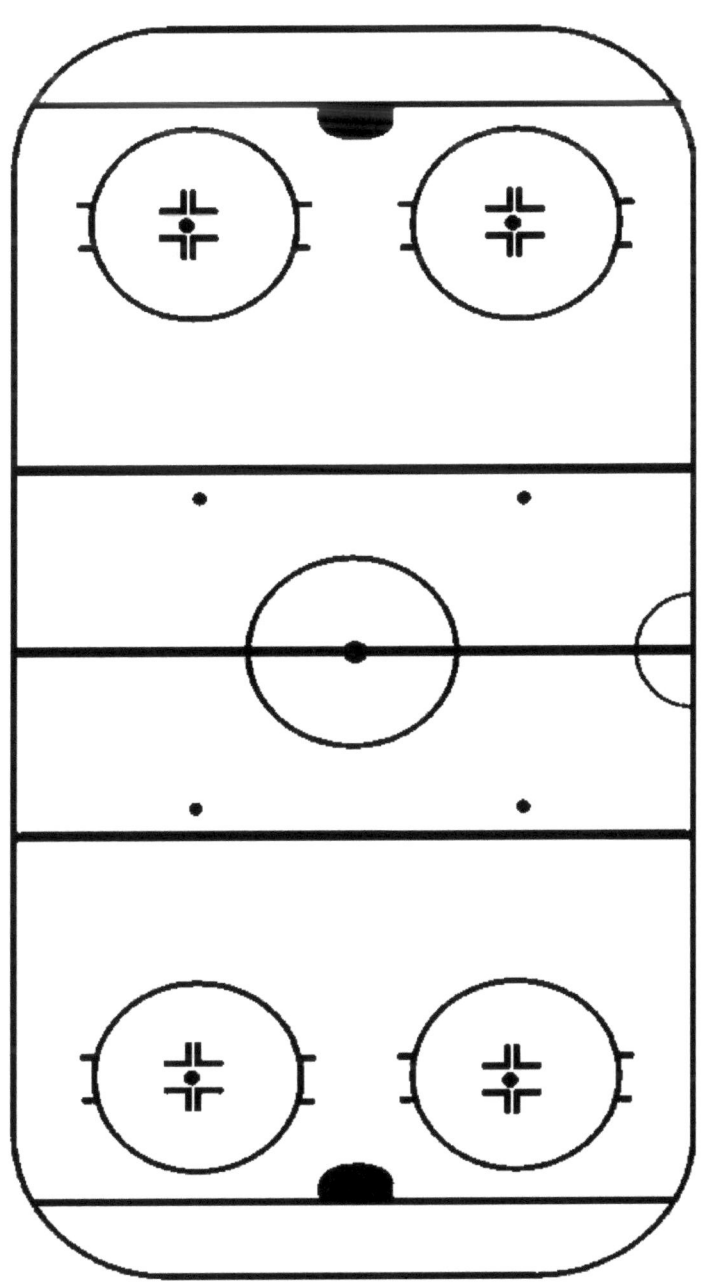

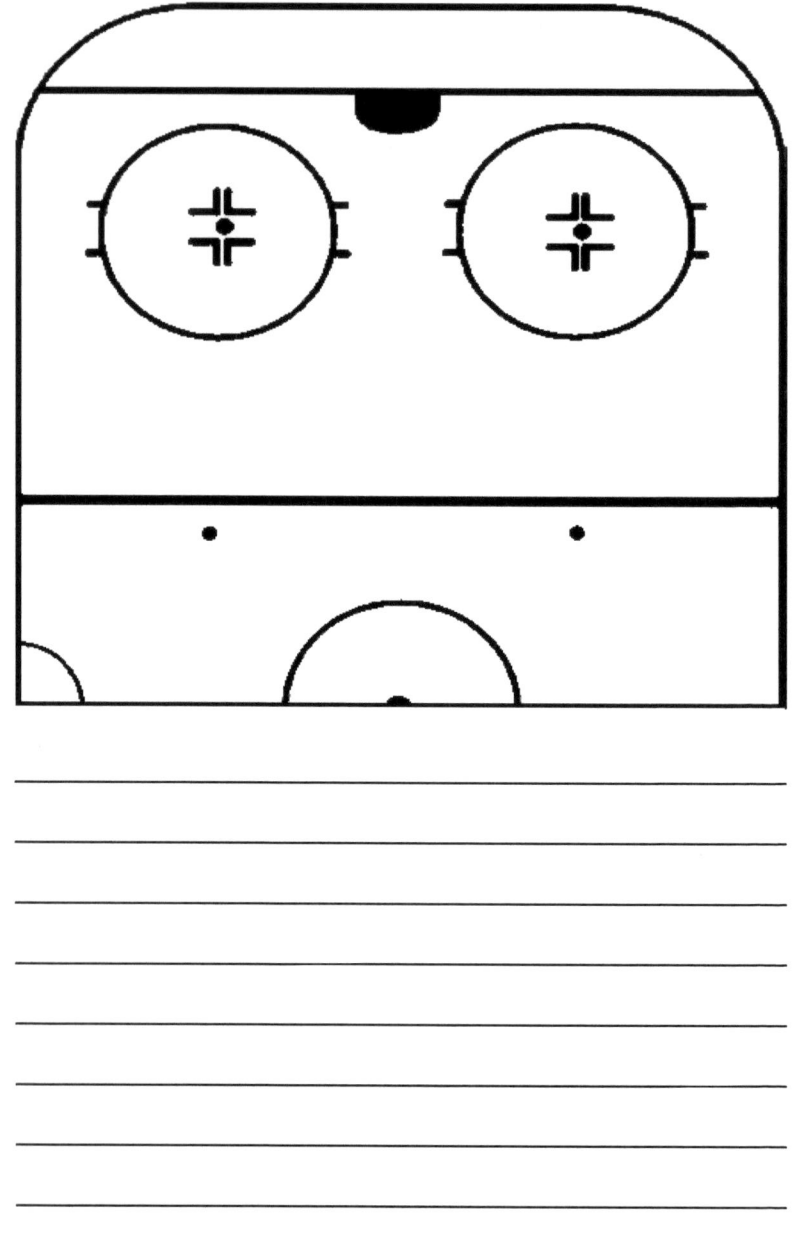

_____

_____

_____

_____

_____

_____

_____

_____

_____

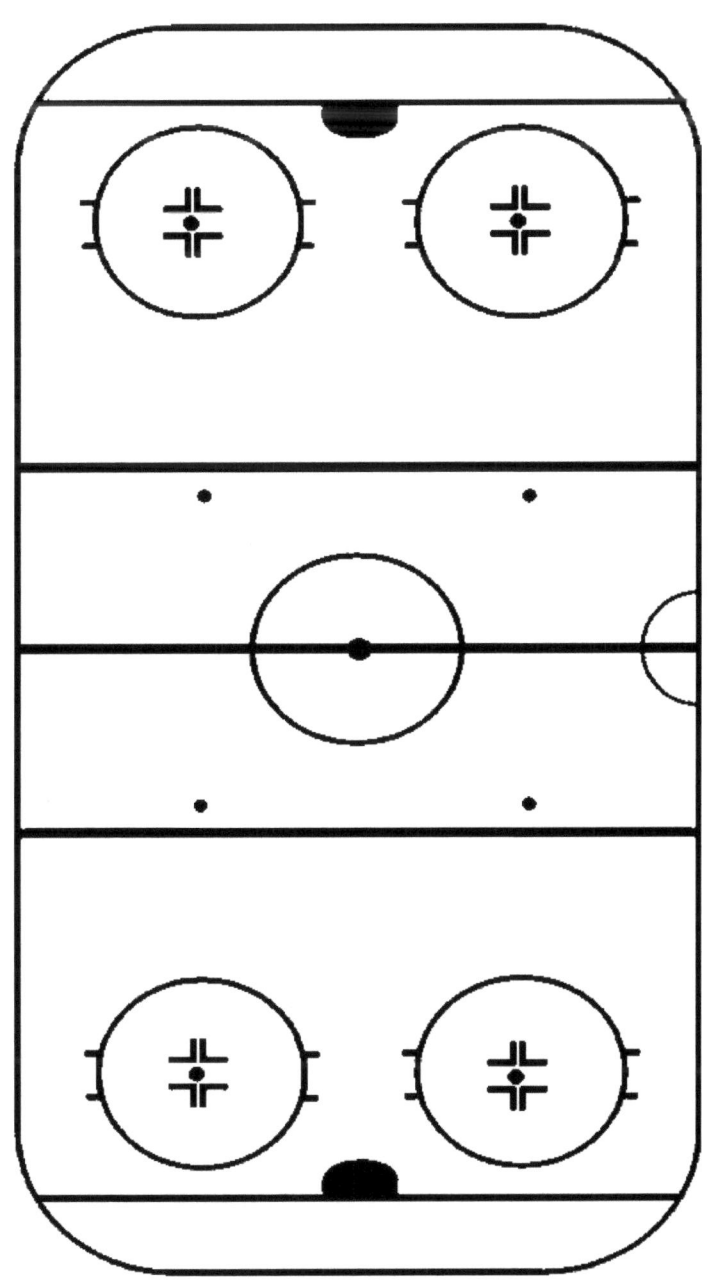

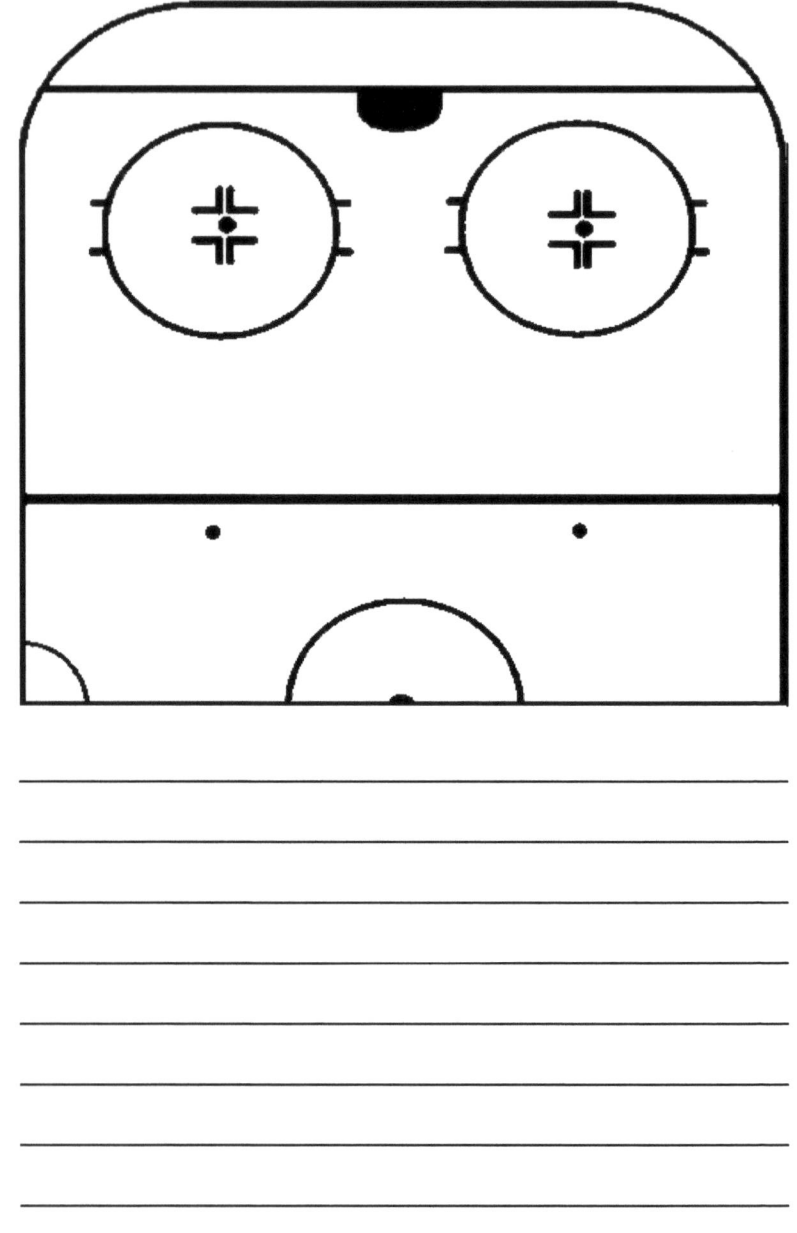

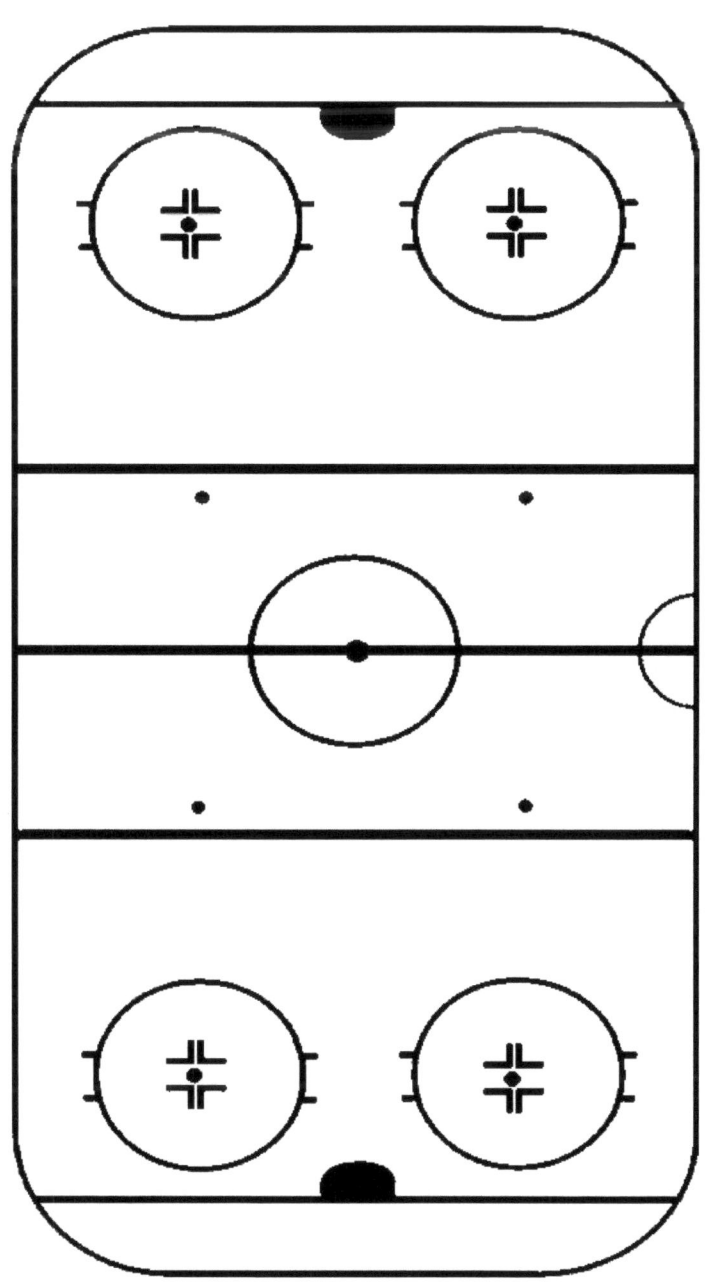

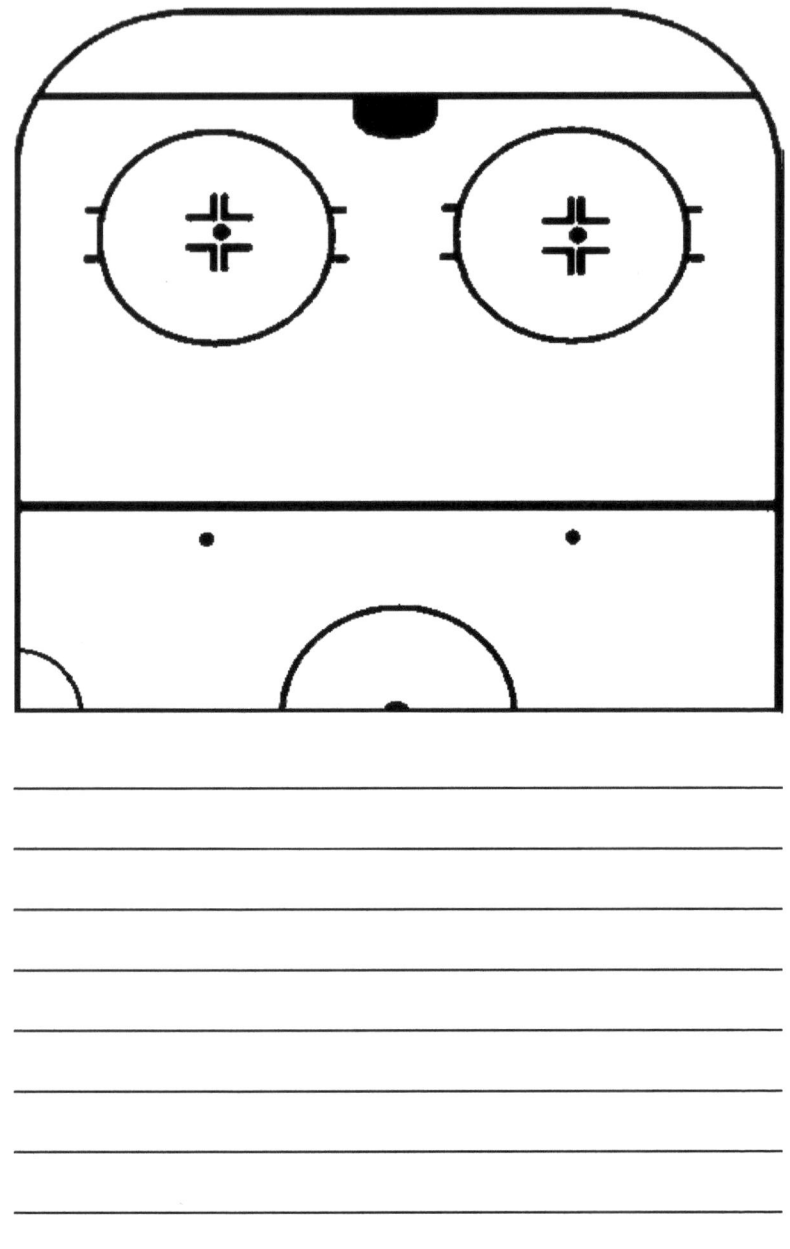

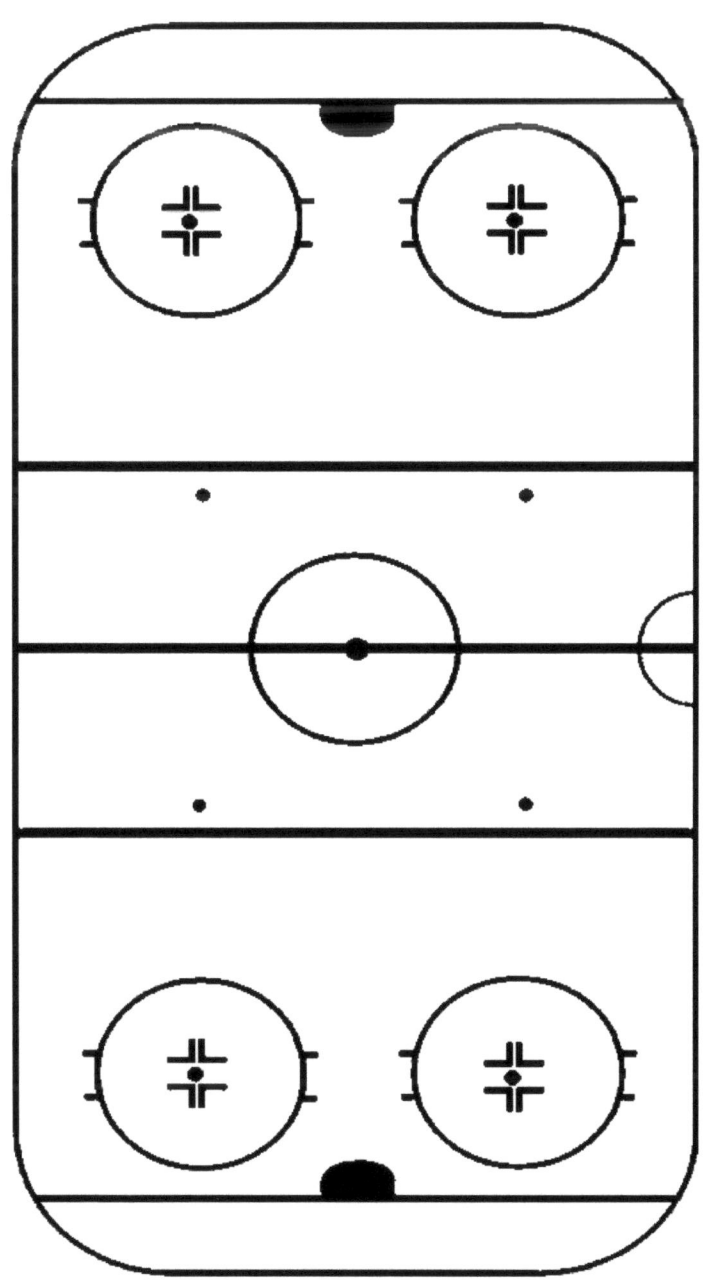

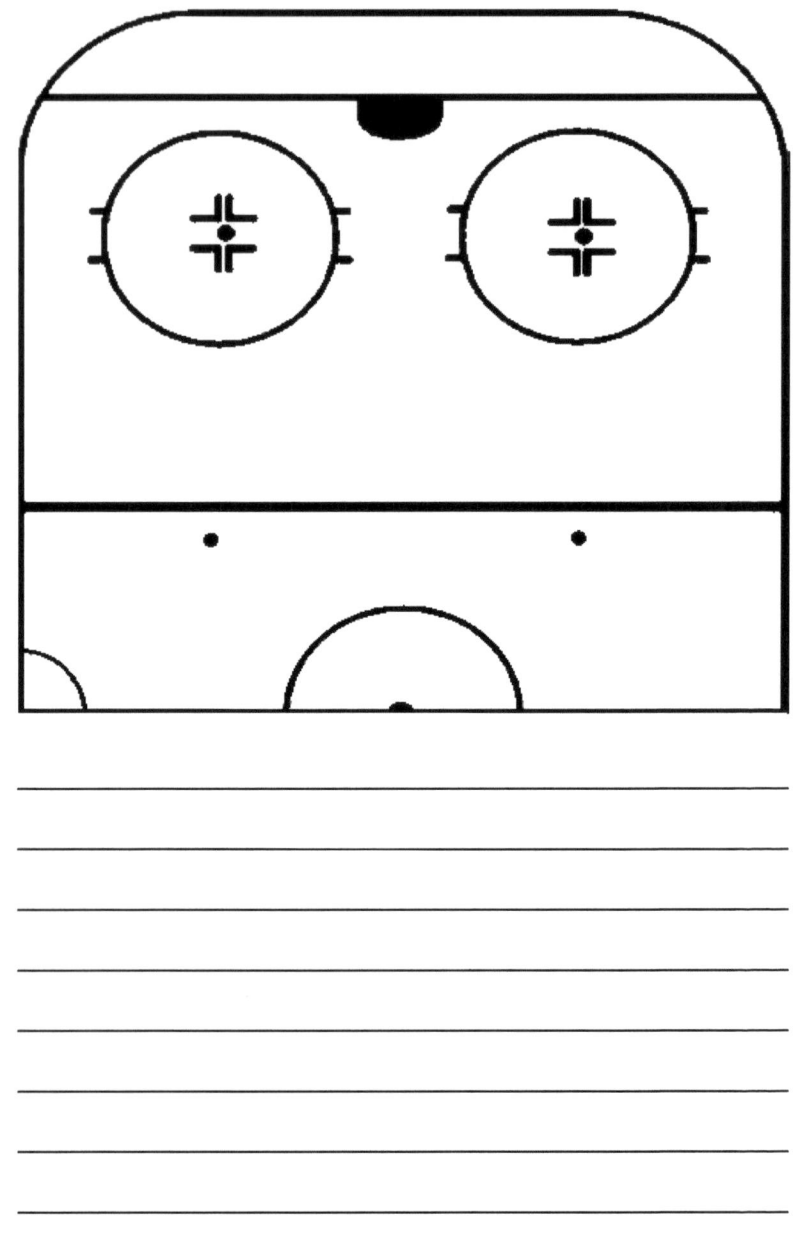

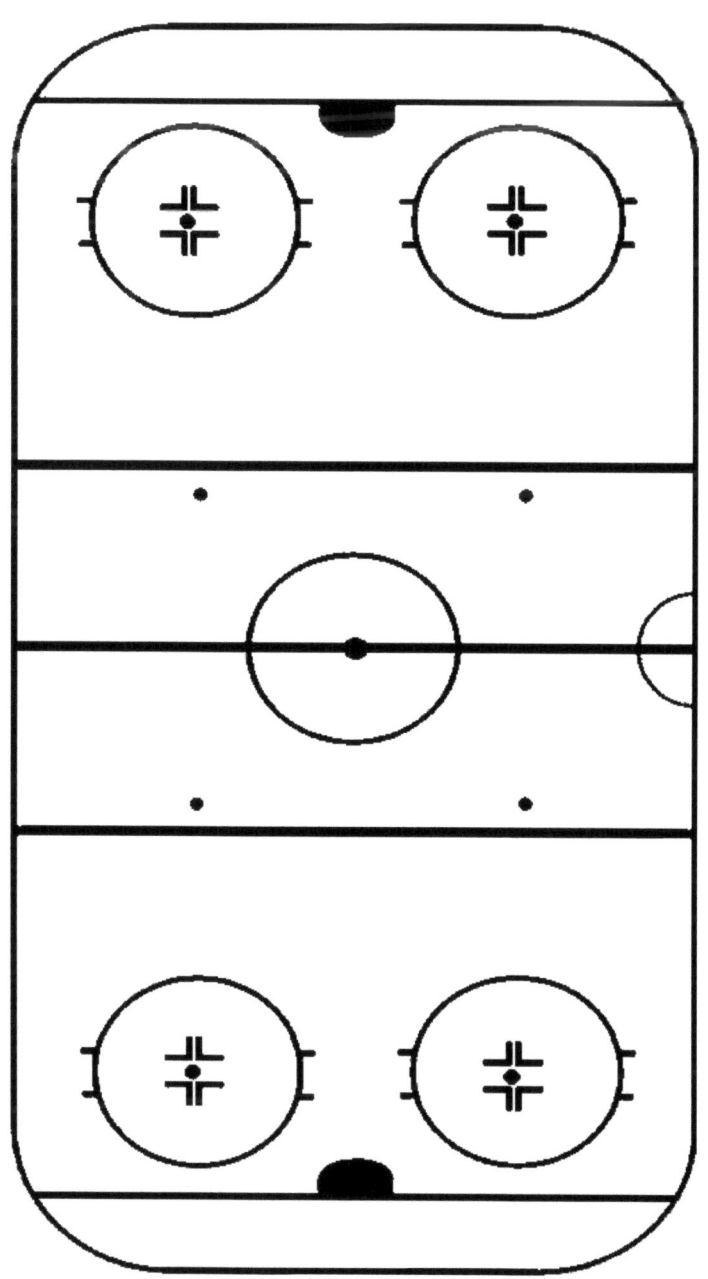

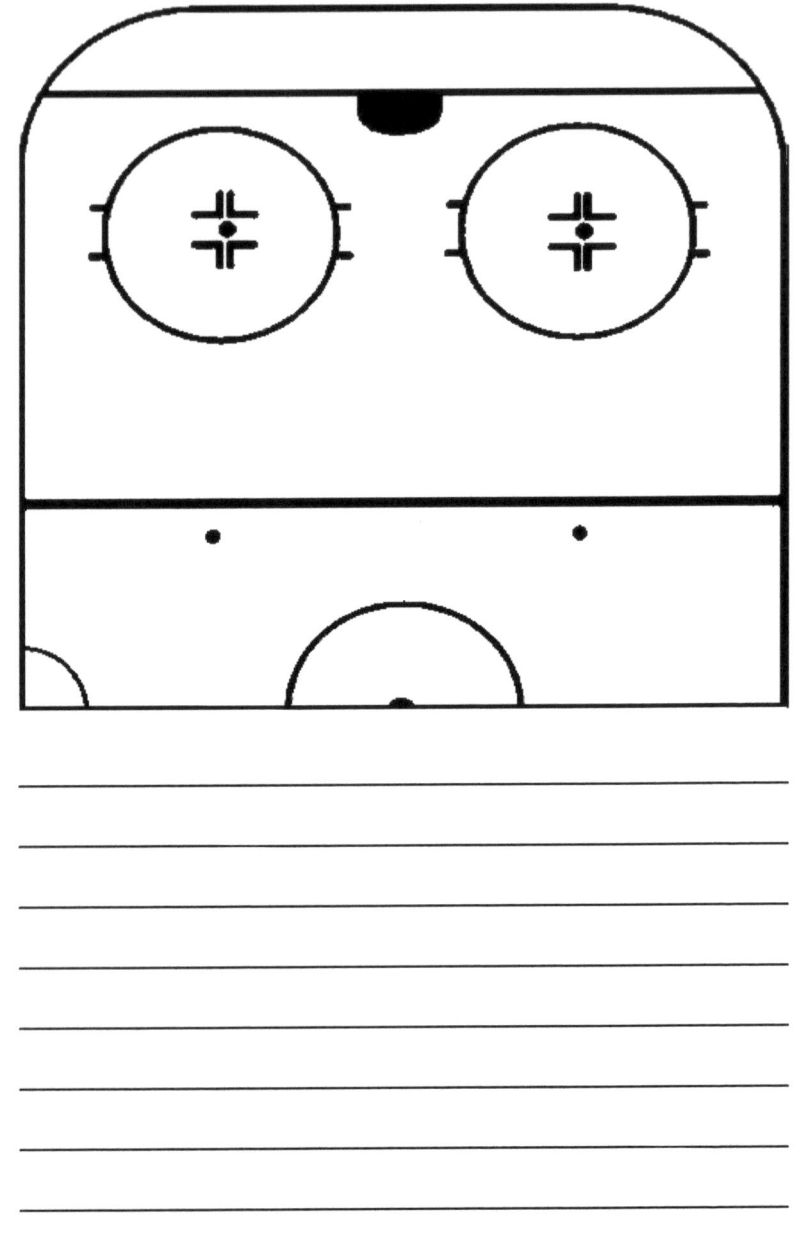

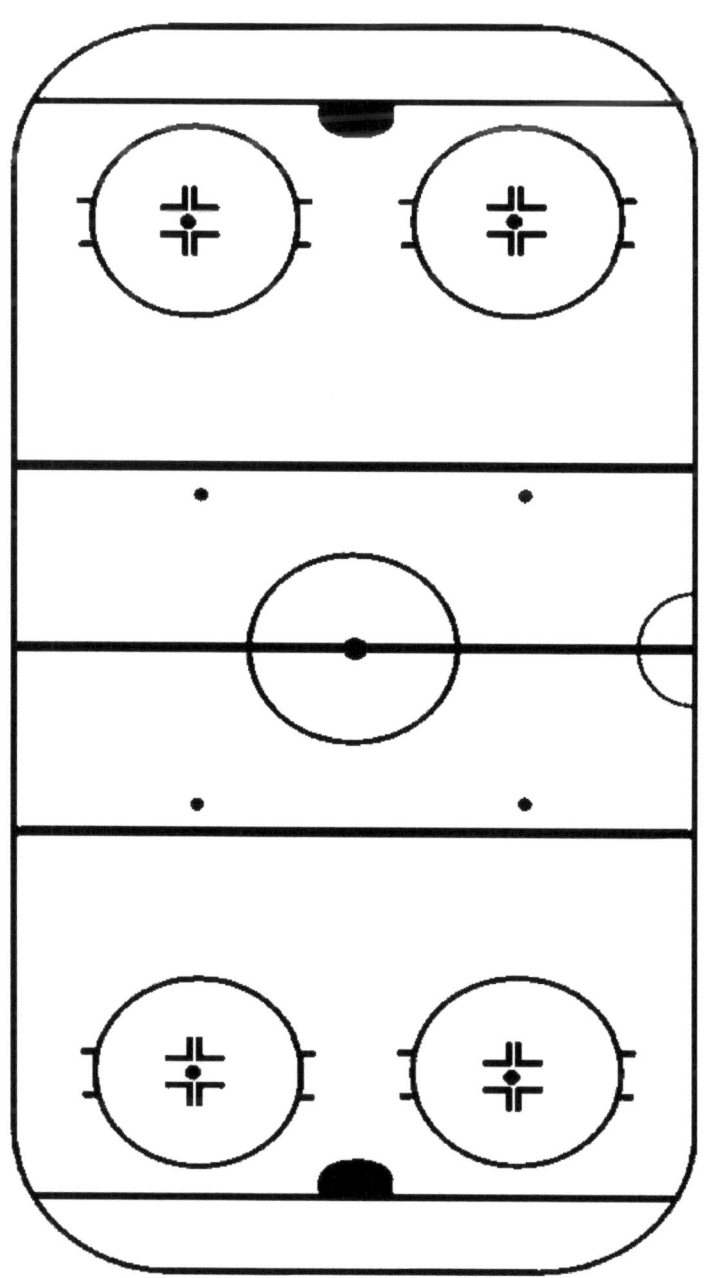

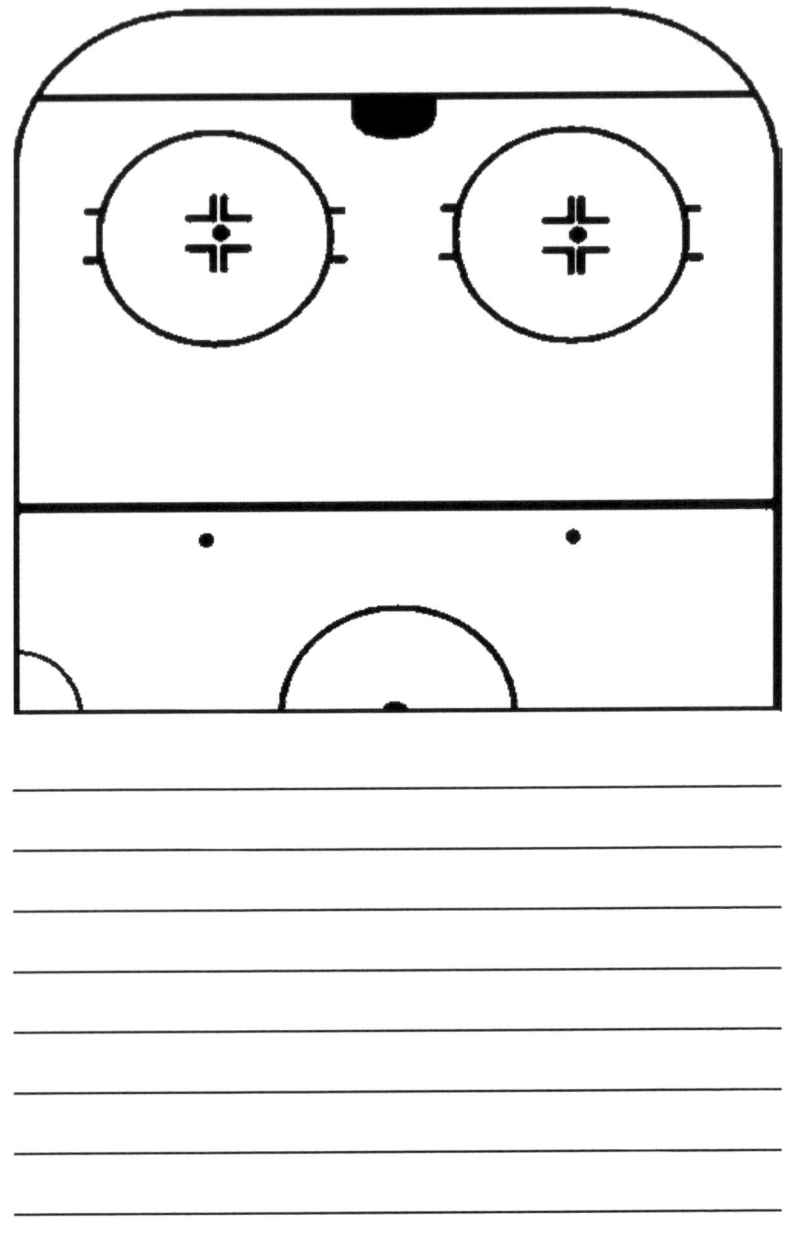

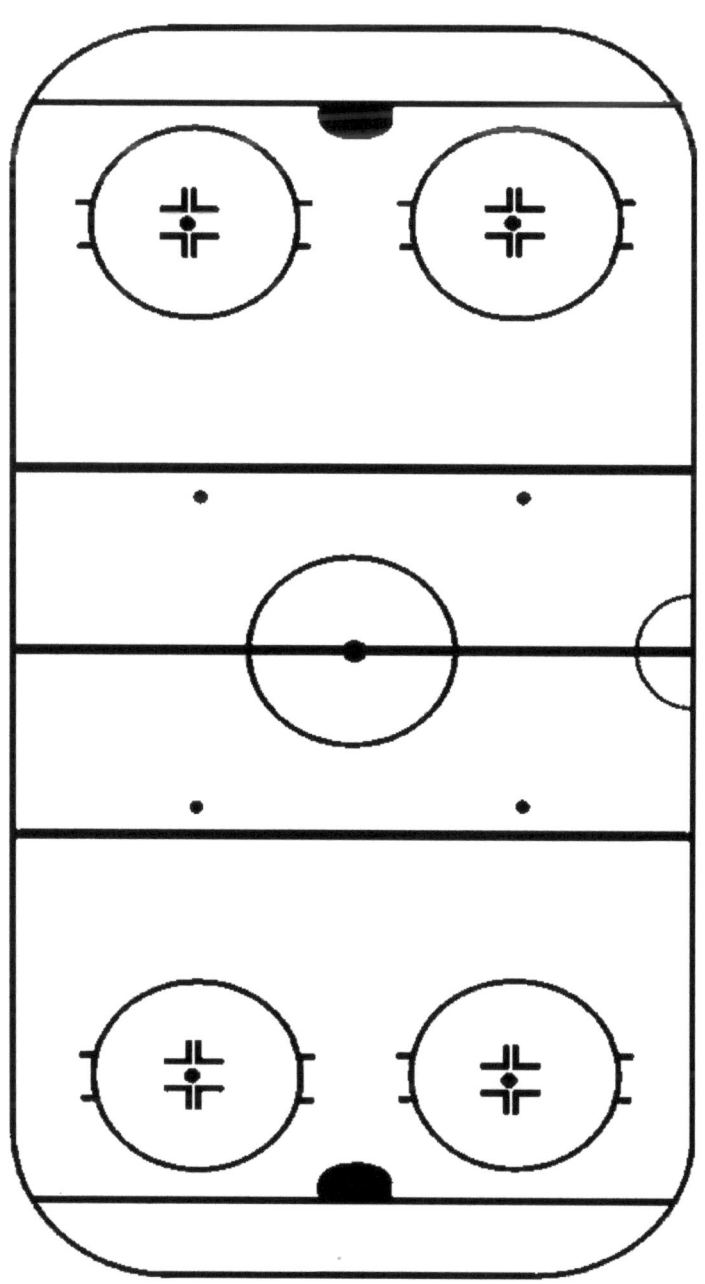

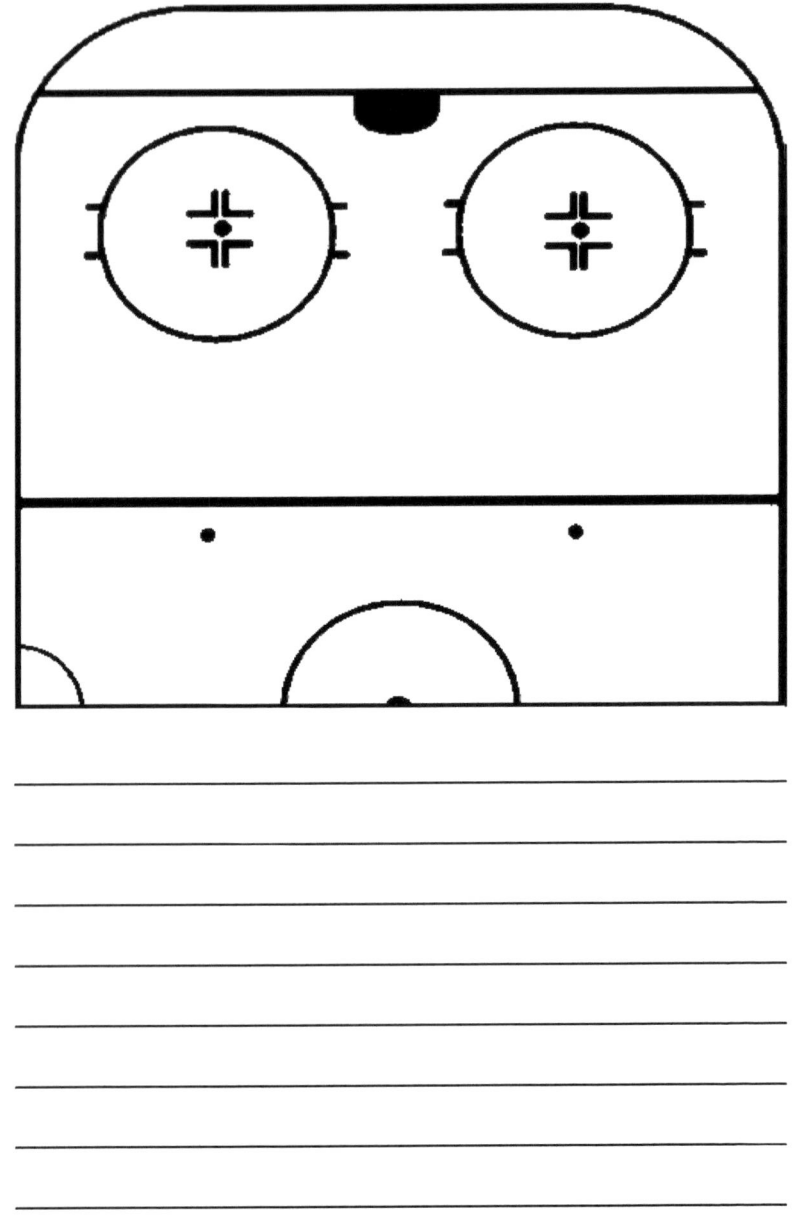

_____

_____

_____

_____

_____

_____

_____

_____

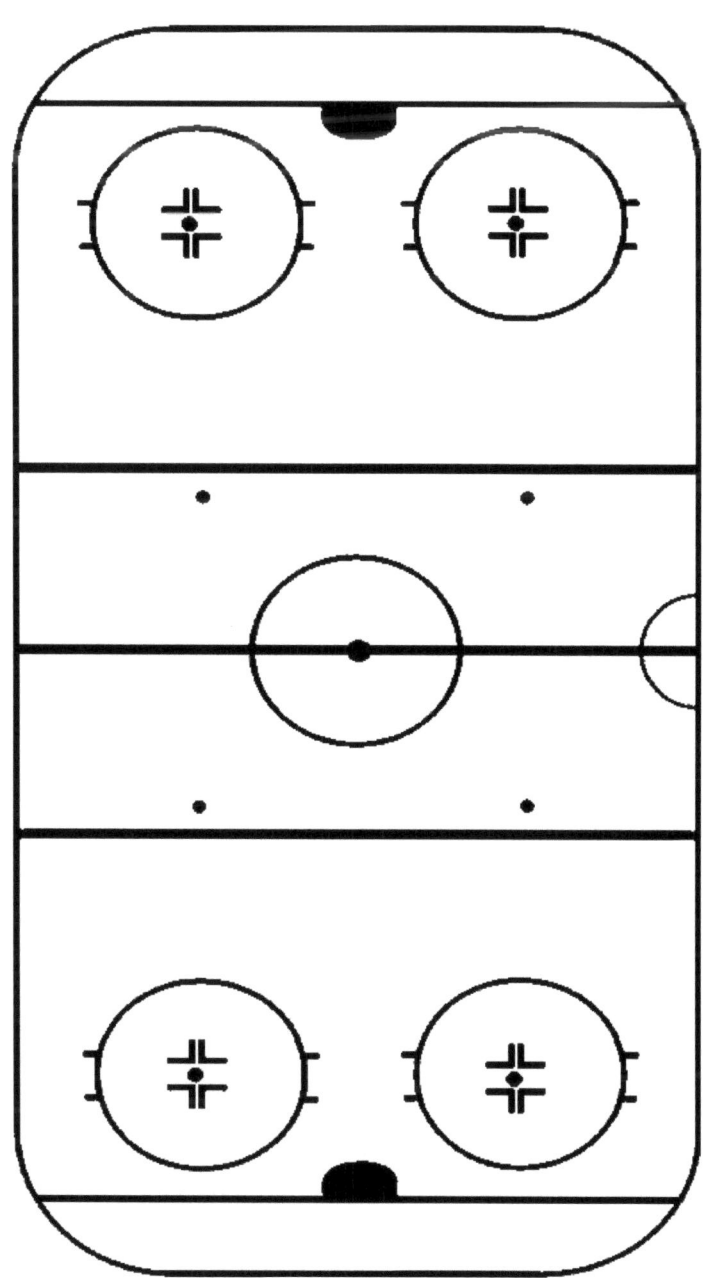

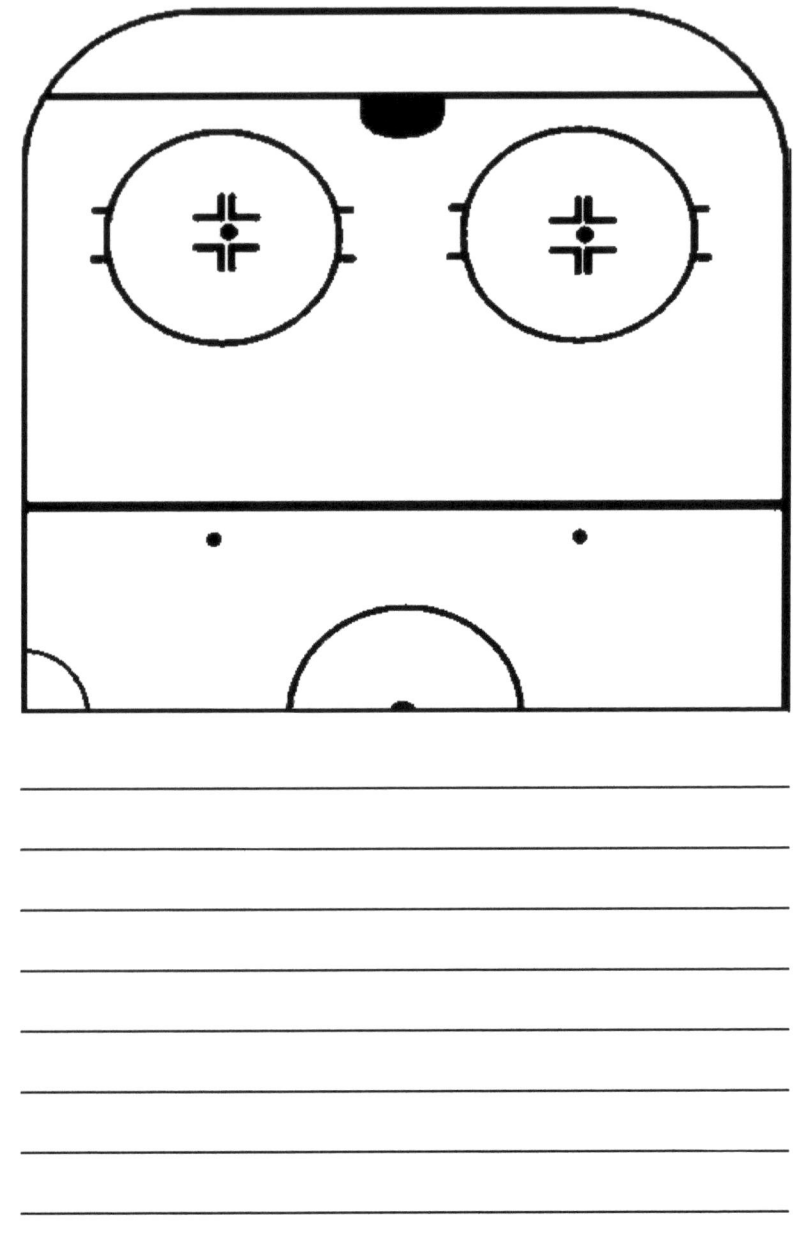

_____

_____

_____

_____

_____

_____

_____

_____

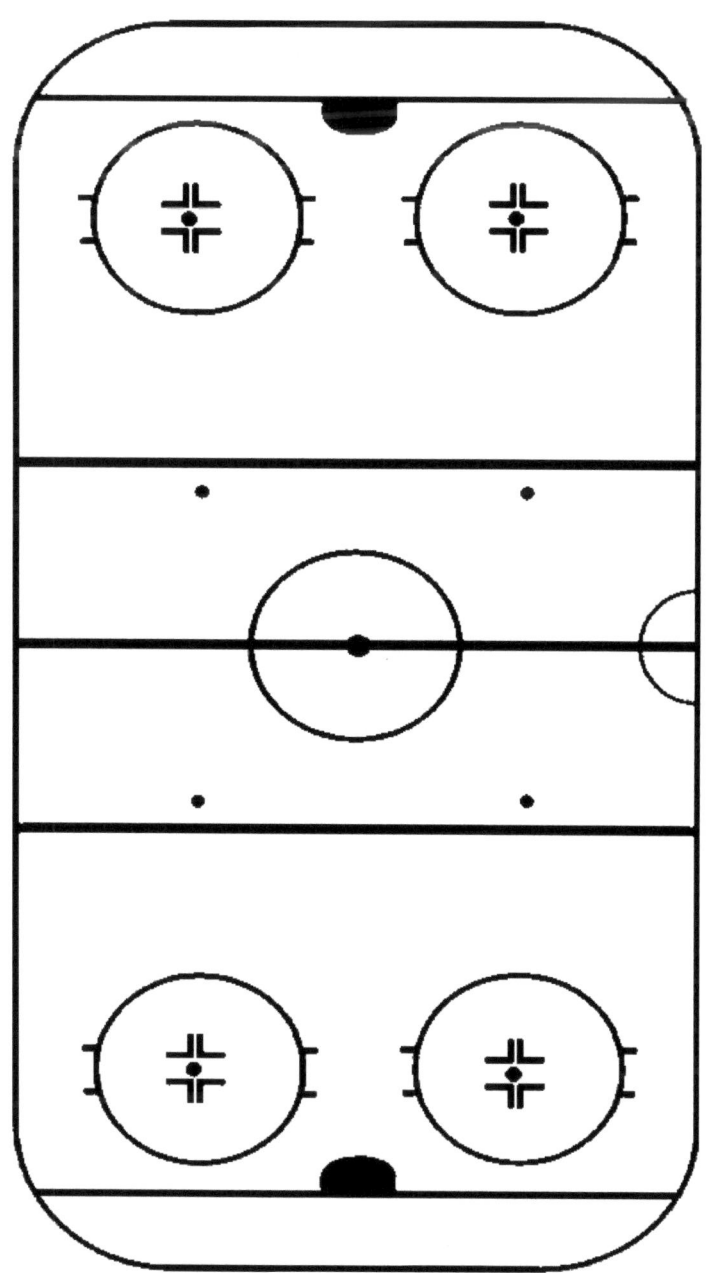

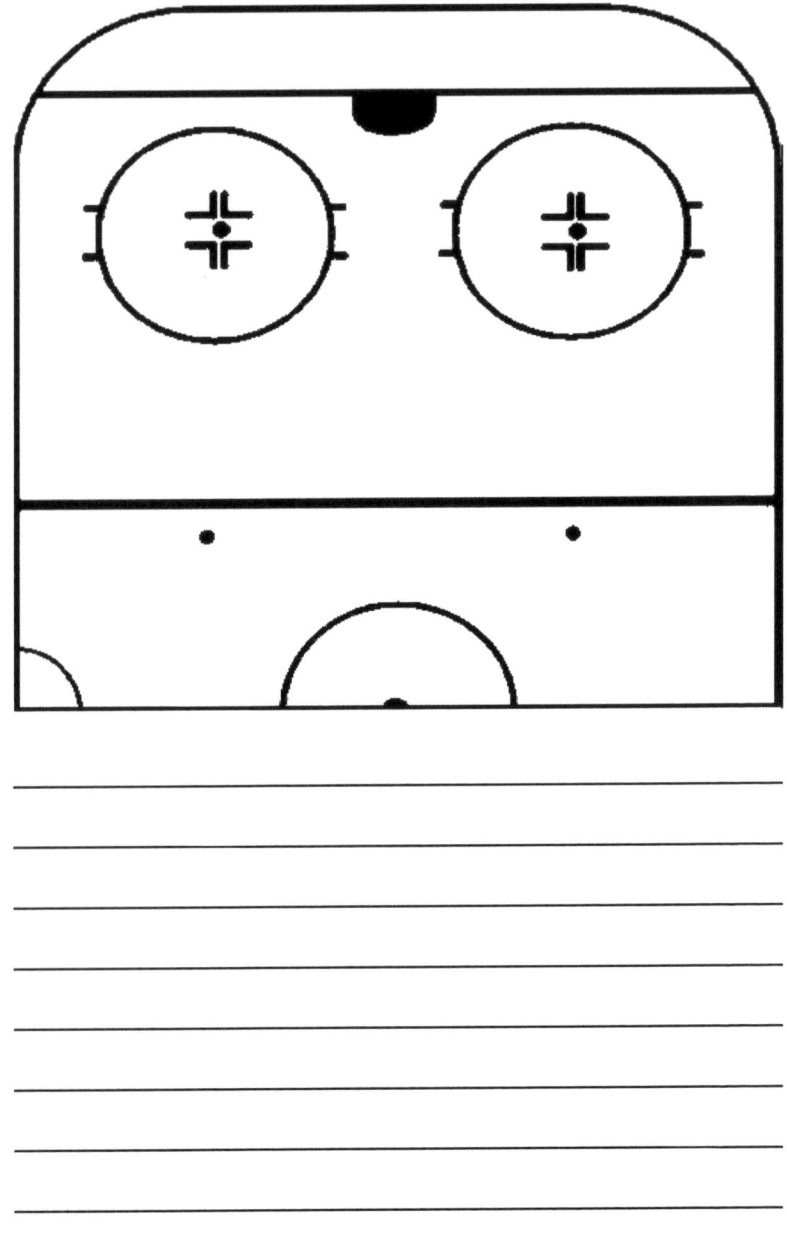

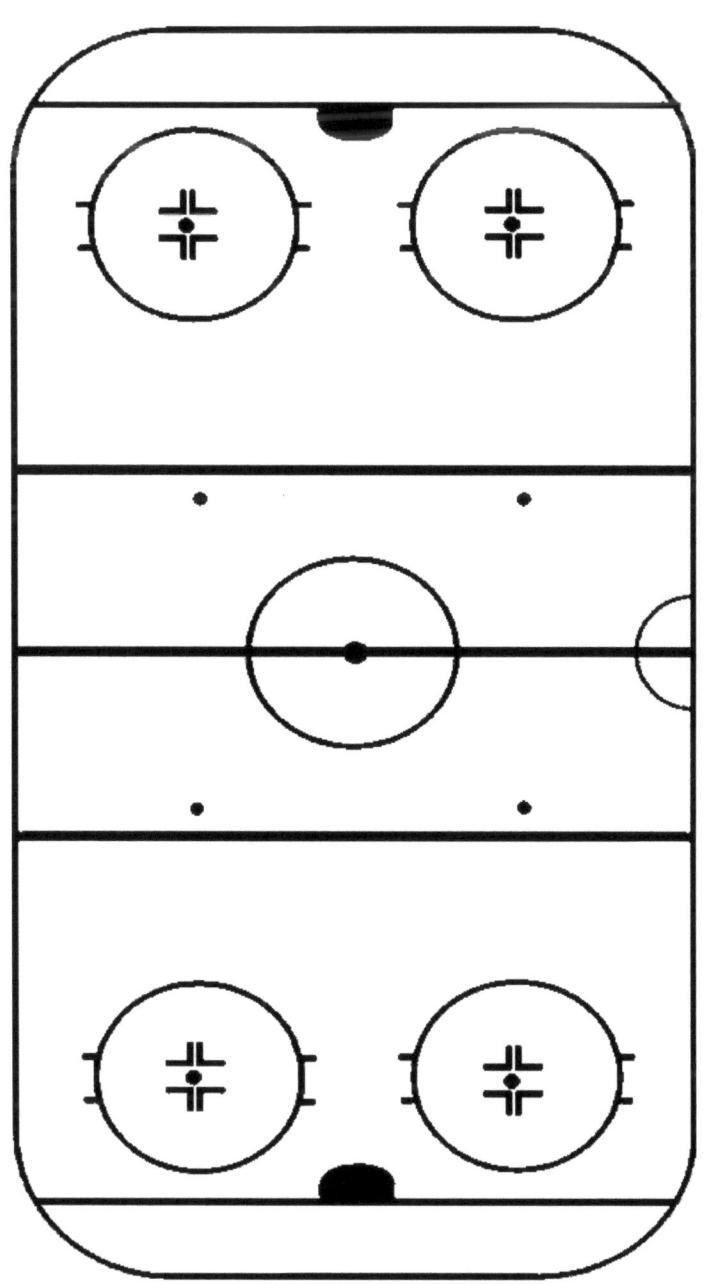

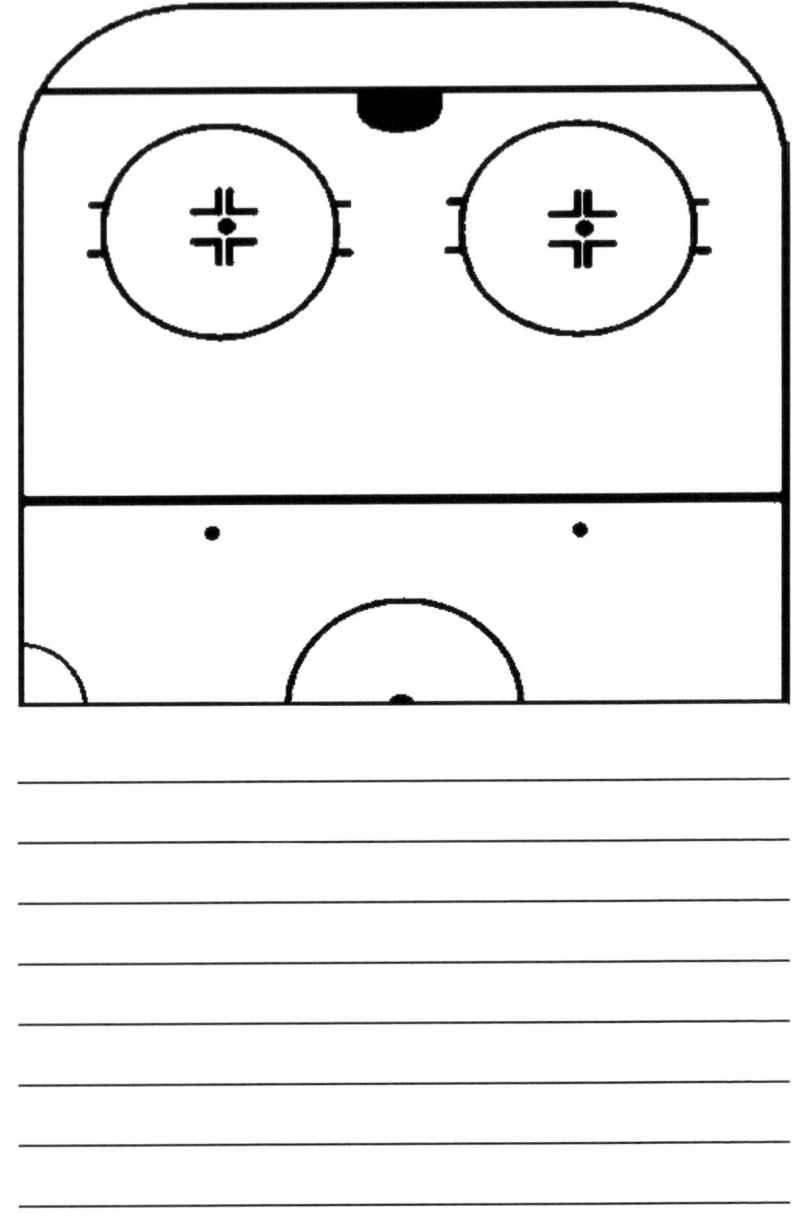

_____

_____

_____

_____

_____

_____

_____

_____

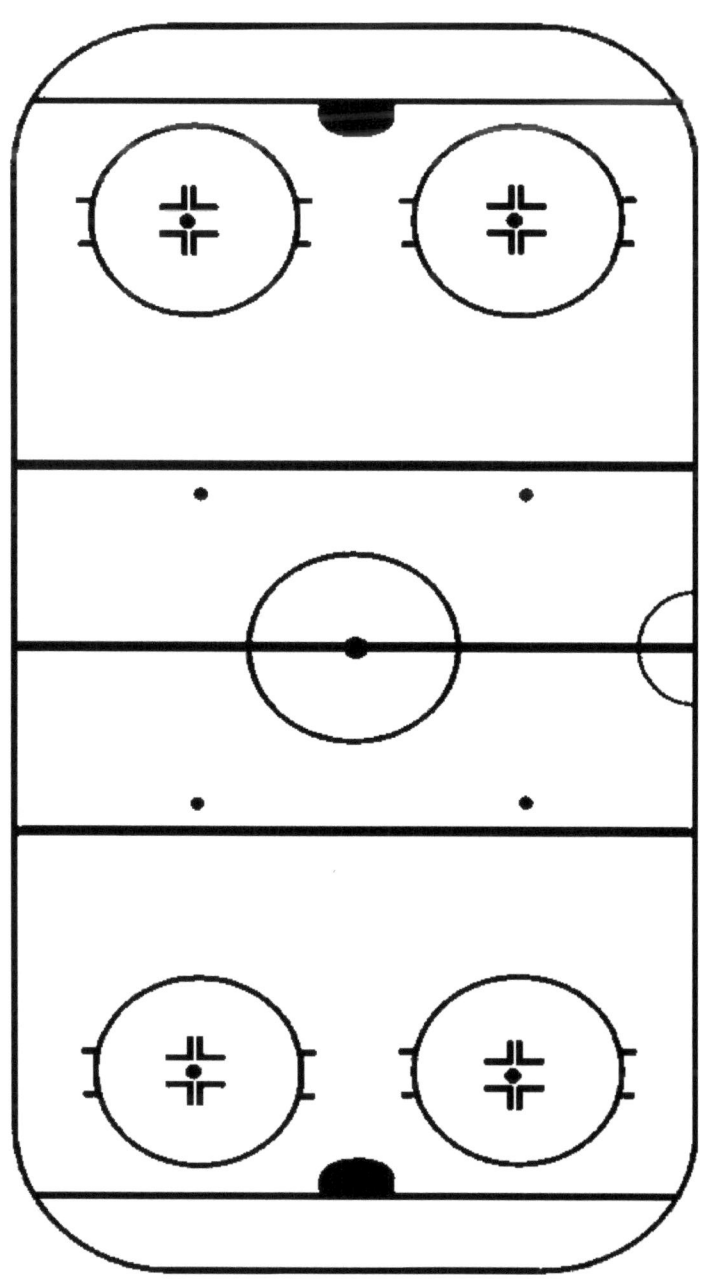

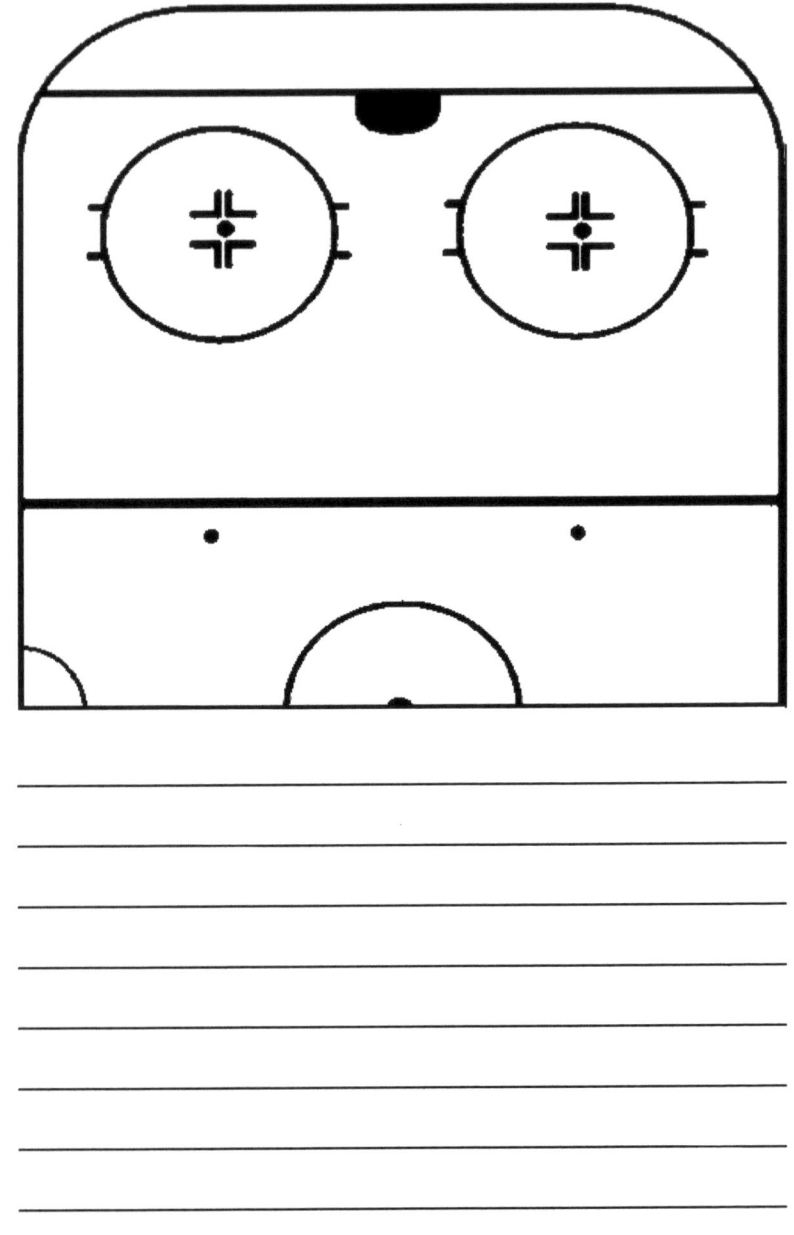

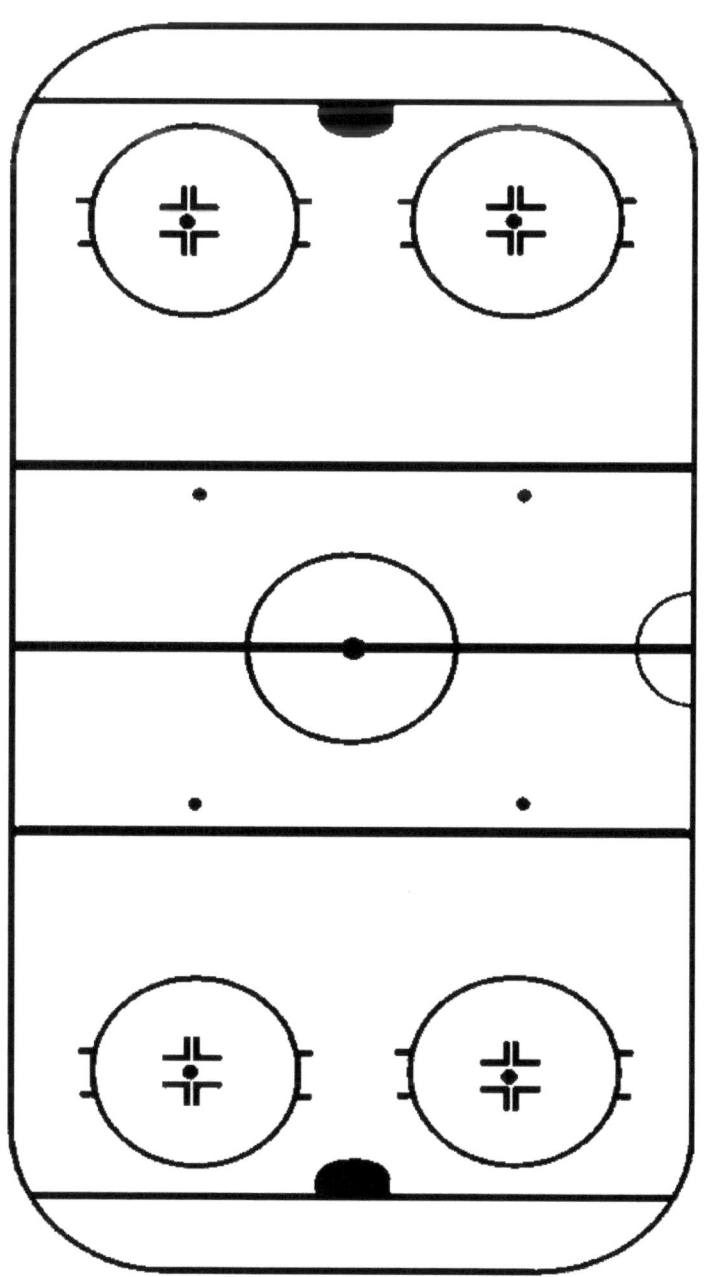

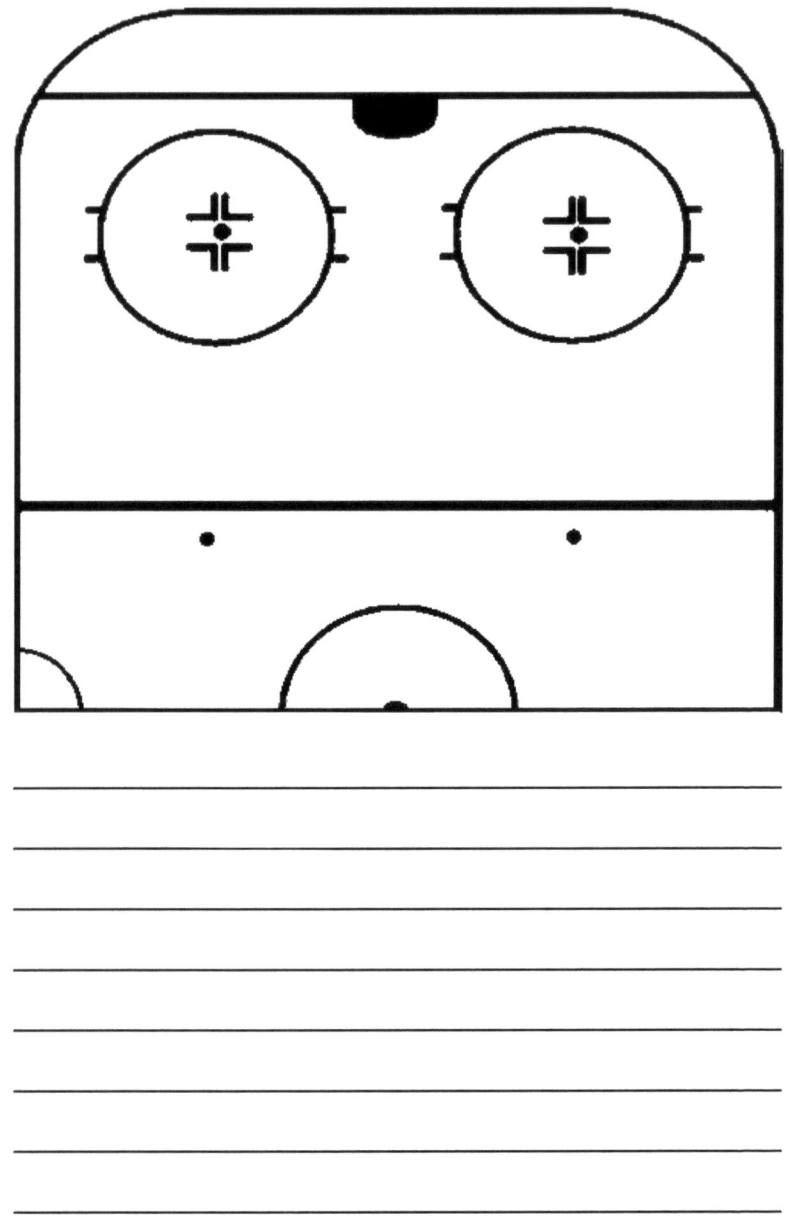

_____

_____

_____

_____

_____

_____

_____

_____

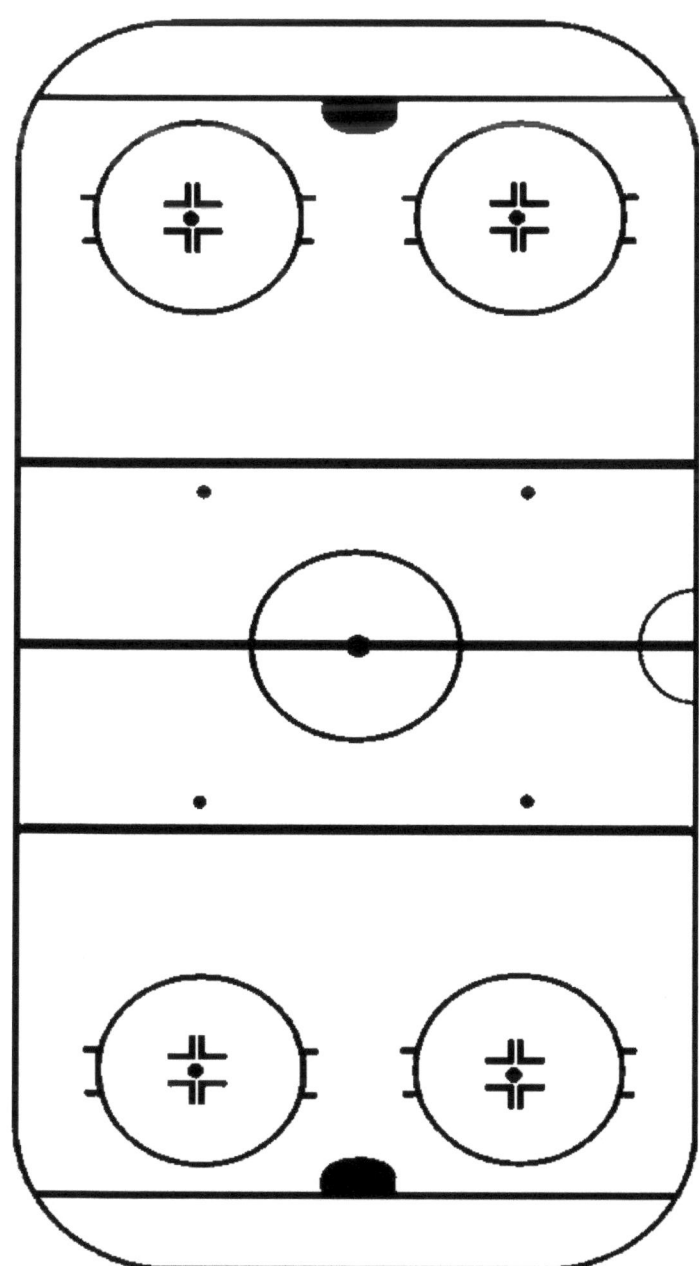

Weitere Bücher von Theo von Taane

○	Happy – Wünsch dir was!	ISBN: 9783734728570
○	Tennis Witze Knallbonbons	ISBN: 9783732296490
○	Tennis Postkarten Kalender	ISBN: 9783734741289
○	Witze rund um Volleyball	ISBN: 9783734731801
○	Witze rund um Basketball	ISBN: 9783734703824
○	Witze rund ums Schwimmen	ISBN: 9783734734460
○	Witze rund um Schach	ISBN: 9783734731658
○	Witze rund um Tischtennis	ISBN: 9783734731648
○	Witze rund um Eishockey	ISBN: 9783734730716
○	Witze rund ums Fechten	ISBN: 9783734731976
○	Witze rund um Handball	ISBN: 9783734731690
○	Witze rund um Badminton	ISBN: 9783734732875
○	Witze rund um Karate	ISBN: 9783734731666
○	Witze rund um Judo	ISBN: 9783734731674
○	Witze rund um Golf	ISBN: 9783734731704
○	Witze rund um Fußball	ISBN: 9783734731712

u.s.w.

Von Theo von Taane gibt es auch viele Rätsel-, Witze- , Spiele-, Ausmal- und Notizbücher Bücher zum Thema MINECRAFT.

Des Weiteren bietet Theo von Taane Taktikboard und Trainingsbücher auch zu folgenden Sportarten an:

- ○ Badminton
- ○ Baseball
- ○ Basketball
- ○ Bowling
- ○ Cricket
- ○ Eishockey
- ○ Fechten
- ○ Feldhockey
- ○ Fußball
- ○ Futsal
- ○ Handball
- ○ Lacrosse (w)
- ○ Lacrosse (m)
- ○ Netball
- ○ Rugby
- ○ Schach
- ○ Squash
- ○ Tennis
- ○ Tischtennis
- ○ Volleyball
- ○ Wasserball

u.v.m.
Einfach nach ‚von Taane' im Webshop suchen um sich die mehr als 200 Theo von Taane Bücher anzeigen zu lassen.